CEIBS | 中欧经管图书

活用宏观经济学

许斌 著

中国出版集团
東方出版中心

图书在版编目（CIP）数据

活用宏观经济学 / 许斌著. 一上海：东方出版中心，2019.10（2023.3 重印）
ISBN 978-7-5473-1552-1

Ⅰ. ①活… Ⅱ. ①许… Ⅲ. ①宏观经济学 Ⅳ. ①F015

中国版本图书馆CIP数据核字（2019）第210588号

丛书策划 刘佩英
特约策划 胡峙峰
责任编辑 徐建梅
特约编辑 朱 枫 张碧萱
装帧设计 **奇文雲海 Chival IDEA**

中欧前沿观点丛书

活用宏观经济学

著 者 许 斌

出版发行 东方出版中心
地 址 上海市仙霞路345号
邮政编码 200336
电 话 021-62417400
印 刷 者 山东韵杰文化科技有限公司

开 本 890mm × 1240mm 1/32
印 张 5
字 数 79千字
版 次 2019年10月第1版
印 次 2023年 3 月第4次印刷
定 价 52.00元

中欧前沿观点丛书

丛书顾问

李铭俊　迪帕克·杰恩 (Dipak Jain)　丁　远　张维炯

丛书编委会

主　　编：许　斌

执行主编：胡峙峰

编　　委：车嘉华　陈世敏　蒋凤桐　巫和懋

许定波　赵先德

院长的话

1994年，中欧国际工商学院（下称“中欧”）由中国政府和欧盟联合创立。廿五载风雨兼程，伴随着中国经济稳步迈向世界舞台中央的历史进程，中欧从西方经典管理知识的引进者，逐渐成长为全球化时代中国管理知识的创造者和传播者，走出了一条独具特色的成功之路，建成了一所亚洲领先、全球知名的商学院。中欧以“认真、创新、追求卓越”为校训，致力于培养兼具中国深度和全球广度、培养积极承担社会责任的商业领袖，被中国和欧盟的领导者分别誉为“众多优秀管理人士的摇篮”和“欧中成功合作的典范”。目前，中欧的MBA和EMBA课程均位列英国《金融时报》排行榜全球五强，在亚洲商学院中无出其右者，与全球顶尖商学院相比亦不遑多让。

中欧拥有世界一流的教授队伍，其中有70余位全职教授，来自全球18个国家和地区，他们不仅博学善教，也引领商业知识的创造。中欧的教授队伍中既有学术造诣深厚、连续多年入选“高被引学者”榜单的杰出学者，又有实战经验丰富的企业家和银行家，以及高瞻远瞩、见微知著的国际知名政治家。

受上海市政府委托，中欧领衔创建“中国工商管理国际案例库（ChinaCases.Org）”，已收录精品案例1 200多篇，被国内外知名商学院广为采用。中欧还独创“实境教学法”，引导商业精英更好地将理论融入实践，做到经世致用、知行合一。

此次，中欧教授中的骨干力量倾力推出中欧前沿观点丛书，不仅是为即将到来的中欧25周年校庆献礼，也是希望以简明易懂的形式让高端学术“飞入寻常百姓家”。我们希望这套丛书能够给予广大读者知识的启迪、实践的参照，以及观察经济社会的客观、专业的视角；也希望随着中欧前沿观点丛书的不断丰富，它能成为中欧知识宝库中的一道亮丽风景线。

李铭俊教授

中欧国际工商学院院长

迪帕克·杰恩（Dipak Jain）教授

中欧国际工商学院欧方院长

2019年9月1日

总　序

中欧前沿观点丛书和读者见面了。首批6本图书于2019年出版发行，而2019年恰逢中欧国际工商学院建院25周年。中欧国际工商学院（下称“中欧”）是中国和欧盟于1994年合作创办的商学院。中欧在短短的25年里创造了世界教育领域的奇迹——从最初十年的默默无闻到最近十多年来屡居全球商学院多个权威榜单的前茅。在英国《金融时报》的榜单中，中欧MBA课程位居全球第五（2019年1月发布），中欧EMBA课程也位居全球第五（2018年10月发布）。两个“全球第五”成为中欧25周年华诞的完美献礼!

中欧能够打造精品课程，仰仗的是中欧教授深厚的学术修养和实操经验。中欧拥有70余位全职教授，来自18个国家和地区，其中中国籍教授占40%（含港澳台），外籍教授占60%。中欧教授均有在海外留学和教学的经历，熟悉国际学术界的前沿理论及其商业应用，因而他们具有宽广的国际化视野。同时，中欧每个教授均花费大量时间和精力深耕中国案例，因而他们拥有对中国实践的深刻认知。中欧为这些具有“中国深度、全球广度”的教授们提供了发挥其才能的最佳舞台，而教授们回馈其才华帮助中欧实现“聚焦中国、贡献世界”的雄心。

遗憾的是，绝大多数中欧教授“养在深闺人未识”。这套中欧前沿观点丛书意在弥补这个缺憾，让这些“隐士教授”向大众读者露个脸，让不曾上过这些教授课程的读者领略一下他们的学识和风范，同时也让上过这些教授课程的读者重温一下曾经品尝过的思想佳肴。丛书编委会希望这套丛书能呈现四个特点。第一是有料，就是书中有足够多的满足读者胃口的知识点。第二是轻快，做到“内容轻学术，形式简篇幅”，让读者翻开书就被吸引，手不释卷能在较短的时间内读完第一遍。第三是回味，就是在读完第一遍后，还会有兴趣去读第二遍和第三遍，既要“轻学术”，又要“厚内涵”。第四是实操，就是书中的知识能够对现实中的相关决策有一定的指导意义。简而言之十个字：有料有回味，轻快能实操。这“十字诀”就是中欧前沿观点丛书的定位。

中欧前沿观点丛书首批6本将在2019年11月举行的中欧25周年庆典上亮相，之后该丛书将继续推出中欧教授的原创小书。经济学中有个著名的观点：小的是美好的。希望这套丛书会是中欧教授思想的美好呈现。我们会竭尽全力将这套丛书做成精品，同时我们愿意倾心听取读者的批评意见（电子邮箱：gdcs@ceibs.edu）。

本套丛书的成功出版要感谢中欧领导层的支持，感谢丛书顾问们的指导和丛书编委们的付出。同时也要感谢数字中欧和东方出版中心的通力合作。我们期待中欧前沿观点丛书能够吸引到一大批忠实的读者。愿这套丛书与读者常相伴，共成长！

中欧前沿观点丛书编委会

2019年8月于上海

前　言

这本小书记录了我对宏观经济学的理解和感悟。宏观经济学看似是高大上的“阳春白雪”，其实和我们的日常生活有着极其密切的关系。在本书中，我力图从如何应用宏观经济学的角度来展开讨论，哪个概念的应用性强，就从哪个概念切入。例如，宏观经济学教科书总是从讨论国内生产总值（gross domestic product，GDP）这个概念开始，而本书则是从讨论采购经理指数（purchasing managers index，PMI）开始。我自己在评估和判断某个国家的宏观经济前景时，首先看的就是这个国家刚发布的当月的制造业PMI和非制造业（可理解为服务业）PMI的前值，因为PMI数据来自身在经营管理第一线的采购经理们，所以它有着很好的前瞻性。当然PMI的局限性也是明显的，它只是对月度宏观经济形势的前瞻，其包含的信息量较少。要对一个国家短期宏观经济前景作深入评估，则必须去看GDP和消费者价格指数（consumer price index，CPI）的数据。循着这个思路，本书第1章对于宏观经济数据的讨论从PMI开始，继之以GDP和CPI。

做宏观经济分析，必须分清实际数据和名义数据、同比数据和环比数据、流量数据和存量数据，必须对这三对数据变量之间的区别非常清楚。在当今世界，各国经济之间的依存度相当高，如果对于一个国家的国际贸易和国际投资状况没有充分的理解，那么对于这个国家宏观经济走势的判断就很难准确。鉴于开放经济的重要性，本书用较多篇幅详细介绍了包含在一个国家的国际收支平衡表中的各项数据。

对于宏观经济数据的采集，本书采用“手把手教”的方式。例如，在讲解采购经理指数PMI时，本书具体描述了如何从网上找到由国家统计局发布的官方PMI数据和由财新中国发布的非官方PMI数据的路径和步骤。作者写PMI这节那天正好是大年初二（2019年2月6日），在书中再现了当时我如何打开国家统计局的网站将网上所显示的数据写入书中的情景，让读者有身临其境的感觉，在读完这节后能立即上手去查询国家统计局最新发布的PMI数据。在讨论GDP和国际收支平衡表数据时，我也是在写到相关专题时，实时操作从网上查询数据，在书中再现查询路径和步骤，这样读者可以循此路径举一反三。“授人以渔”是本书力求做到的一个特色。

做宏观经济分析，首先需要搞清楚几个重要的宏观经济变量的定义和数据来源，这是本书第1章的内容。然而，搞清楚了这几个重要的宏观经济变量，也知道从哪里可以找到这些变量的数据，还只是做宏观经济分析的第一步，更关键的是知道用什么理论框架来对所采集的数据进行解读和分析。在我看来，宏观经济分析包含两个重要方面：第一个重要方面是对宏观经济趋势的判断。本书的第2章详细讲解了分析短期趋势、长期趋势，以及局中趋势的理论框架。本书特别强调“预期”这个变量在决定宏观经济走势方面的重要作用，专辟一节对此进行专门讨论。第二个重要方面是对宏观经济变化拐点的识别。任何国家的经济都不会只是单边线性地变化，而一定会有上下波动的周期。即使能对宏观经济上下波动周期的拐点稍有前瞻性的认识，那对于宏观经济学的应用能力来说也是大大地前进了一步。这是因为提前判断宏观经济趋势的拐点非常困难。虽然难度高，但回报也大。本书第3章讨论了宏观经济趋势出现拐点背后的技术力量、政策力量，以及本书特别强调的预期力量。虽然学了这些内容并不能保证读者就能够准确预测经济周期变化的拐点何时出现，事实上也没人能够准确预测这个时点，但是通过对该章的学习，读者还是能够学到从什么角度去观察那些会造成宏观经济出现拐点的重要因素，包括对宏观经济拐点一旦出现后可能会呈现的强度和持续时间有一个初步判断。

熟读了《孙子兵法》而没有实战经验的将军是不可能打胜仗的。同样，即使熟读了本书的第1章（如何解读数据）、第2章（如何判断趋势）和第3章（如何识别拐点），读者所学到的东西也只是在理论层面而已。想要在现实世界中去真正应用前三章所学到的方法，读者还必须有实战经验的积累。积累实战经验不容易，要经历足够多的失败和成功，需要耗费很长时间。缩短这个时间的一个方法是阅读已经发生过的实战案例。案例所写的是别人的实战经验，当然不能替代本人的实战摸索。但是好的案例确实可以让读者身临其境地去体验别人的实战细节，这对于提高本人的实战素养还是相当有价值的。本书第4章通过对若干典型案例的剖析，来让读者对宏观经济分析在现实世界中的应用有所体验。第5章实录了本书作者近年对股市、人民币汇率、楼市和财富积累、中美贸易战以及中国经济未来走势所发表的观点，意在与读者分享在现实生活中应用本书所介绍的宏观经济学概念和分析方法的若干体会。

这是一本小书，但要真正掌握书中所介绍的宏观经济学概念和分析方法，还是需要反复阅读的。为了帮助读者提高学习效率，本书第6章对全书最重要的内容作了一个梳理，让读者能在较短的时间内对本书的主要内容有一个复习和回味。学无止境，希望这本小书能在读者的头脑中擦出火花，而星星之火终可成燎原之势。

目录

Contents

第1章

如何读懂数据

宏观经济分析的第一步是对数据的解读。宏观经济涉及面极广，各种数据让人眼花缭乱，我们到底应该抓住哪些数据变量，最有效率地获得对宏观经济问题的认识呢？本章希望给读者提供一个解读宏观经济数据的高效路径。

一叶知秋：读PMI，初探经济之冷暖

学习任何东西，方法是最重要的。如果我们想通过学习宏观经济学来提升自己对宏观经济趋势的认知，那么首先需要学会看宏观数据。在诸多数据中先看哪个呢？我建议你先看采购经理指数（purchasing managers index，PMI）。顺便说一句，本书对信息的呈现以简捷为标准，如果能用一个英语缩写表示（如PMI），则在说明其含义后就用这个英语缩写来表示。

首先问你自己一个问题，假如你拥有无尽的资源，如果要知道宏观经济的冷暖，你会怎么做？你可能会说：如果我每个行业都有一个靠谱的朋友，我会问他们每个人他们行业经营状况是好是坏，然后将结果综合起来，这样我就对整个经济的状况有了一个靠谱的认知了。这个做法就是我们要介绍的PMI

方法。

首先需要明白，宏观经济学关心的是经济的总体状况，而不是细分行业（那属于产业经济学的研究范畴），更不是企业（那属于微观经济学的研究范畴）。在海外，宏观经济学有时称为“总体经济学”，微观经济学称为“个体经济学”。虽然名字没有“宏观”“微观”听上去高大上，但其实更达意。

回到本节的主题：什么是PMI？其实PMI数据采集方法很简单，就是向各个行业战斗在第一线的采购经理们发问卷，问他们的新增订单是在增加还是在减少，库存是在下降还是在上升，人员是在扩招还是在减员，等等。如果在所有被问到的采购经理中有55%表示他们的行业状况指标呈上升趋势，那么PMI = 55。如果在所有被问到的采购经理中有45%表示他们的行业状况指标呈上升趋势，那么PMI = 45。对于宏观分析而言，我们关心的是整个经济的走势。所以PMI＞50表示整体经济向好，而PMI＜50表示整体经济看跌。宏观经济趋势好坏的分水岭就是PMI = 50。

PMI是月度数据，全球约有50个国家和地区有此统计，中国有两个PMI数据的提供方。其中一个是国家统计局，它提供制造业PMI和非制造业PMI两个系列的数据，其制造业样本涵盖31个行业大类，3 000家企业；非制造业样本涵盖

36个行业大类，4 000家企业[1]。读者可以登录国家统计局网站（data.stats.gov.cn），单击“月度数据”，在菜单中找到“采购经理指数”，并选择“制造业采购经理指数”或“非制造业采购经理指数”，这些数据就呈现在眼前了。

写本书这一节时正好是大年初二（2019年2月6日），我的电脑屏幕上显示的制造业采购经理指数如表1–1所示。

表1–1 2019年2月6日国家统计局网站的制造业采购经理指数

指 标	2019年1月	2018年12月	2018年11月	2018年10月
制造业采购经理指数	49.5	49.4	50.0	50.2

这些数据告诉我们，第一，中国制造业整体在2018年12月和2019年1月处在不景气状态（因为PMI＜50）；第二，和2018年12月相比，2019年1月的整体感觉好了一丁点（49.5＞49.4）。

再来看非制造业采购经理指数（这个指数常被看作服务业采购经理指数），我的电脑屏幕上显示的数据如表1–2所示。

❶ 国家统计局采购经理调查统计报表制度（2018年版），见http://www.stats.gov.cn/tjsj/tjzd/gjtjzd/201807/t20180717_1610157.html.

表1-2　2019年2月6日国家统计局网站的非制造业采购经理指数

指　标	2019年1月	2018年12月	2018年11月	2018年10月
非制造业采购经理指数	54.7	53.8	53.4	53.9

这些数据告诉我们，第一，中国非制造业（服务业）整体处在景气状态（PMI＞50）；第二，中国服务业的景气状态在2018年11月—2019年1月这三个月呈上升趋势（54.7＞53.8＞53.4）。

中国PMI数据的另一个提供方是财新传媒，它发布非官方的月度制造业PMI指数和服务业PMI指数。登录财新PMI网站（pmi.caixin.com），或者下载财新手机应用，可以找到如表1-3的数据。

表1-3　财新传媒的非官方月度PMI

指　标	2019年1月	2018年12月	2018年11月	2018年10月
制造业PMI	48.3	49.7	50.2	50.1
服务业PMI	53.6	53.9	53.8	50.8

对上面这些数据的解读就留给读者吧。这里有必要说明一点，国家统计局的官方PMI数据和财新传媒的非官方PMI数据之间不是替代关系，而是互补关系。官方PMI涵盖更多

类型的企业，其中包括大型国有企业，其样本数较大（3 000多家）。而财新PMI涵盖的主要是民营中小型企业，其样本数较小（400多家）。

PMI数据具有一定的前瞻性。对于了解宏观经济的冷暖，PMI数据可谓“一叶知秋”。在本书定稿时，2019年已走过了大半年，由于中美经济关系恶化等负面因素，全球经济面临衰退的风险日增。我们可以去找一下全球各国和地区的PMI数据，感知一下全球经济的温度。登录TradingEconomics的中文网站（https://zh.tradingeconomics.com），可以找到制造业PMI的最新数据（https://zh.tradingeconomics.com/country-list/manufacturing-pmi）如表1-4所示（2019年8月26日查询）。

表1-4 制造业PMI数据

国家或地区	制造业PMI	月 份	国家或地区	制造业PMI	月 份	国家或地区	制造业PMI	月 份
捷 克	43.1	2019年7月	意大利	48.5	2019年7月	澳大利亚	51.3	2019年7月
德 国	43.6	2019年8月	爱尔兰	48.7	2019年7月	匈牙利	51.3	2019年7月
中国香港	43.8	2019年7月	俄罗斯	49.3	2019年7月	哥伦比亚	51.5	2019年7月
瑞 士	44.7	2019年7月	丹 麦	49.5	2019年7月	瑞 典	52.0	2019年7月

（续表）

国家或地区	制造业PMI	月份	国家或地区	制造业PMI	月份	国家或地区	制造业PMI	月份
卡塔尔	45.2	2019年7月	日本	49.5	2019年8月	菲律宾	52.1	2019年7月
土耳其	46.7	2019年7月	印尼	49.6	2019年7月	南非	52.1	2019年7月
奥地利	47.0	2019年7月	波多黎各	49.6	2019年5月	以色列	52.2	2019年7月
欧元区	47.0	2019年8月	墨西哥	49.8	2019年7月	印度	52.5	2019年7月
韩国	47.3	2019年7月	新加坡	49.8	2019年7月	越南	52.6	2019年7月
波兰	47.4	2019年7月	巴西	49.9	2019年7月	缅甸	52.9	2019年7月
马来西亚	47.6	2019年7月	中国	49.9	2019年7月	肯尼亚	54.1	2019年7月
黎巴嫩	47.7	2019年7月	美国	49.9	2019年8月	希腊	54.6	2019年7月
英国	48.0	2019年7月	加拿大	50.2	2019年7月	阿联酋	55.1	2019年7月
中国台湾	48.1	2019年7月	埃及	50.3	2019年7月	斯里兰卡	55.7	2019年7月
新西兰	48.2	2019年7月	泰国	50.3	2019年7月	沙特阿拉伯	56.6	2019年7月
西班牙	48.2	2019年7月	荷兰	50.7	2019年7月	尼日利亚	57.6	2019年7月
挪威	48.4	2019年7月	法国	51.0	2019年8月			

上面这些数据显示，世界大多数经济体，包括欧元区、日本、中国和美国这些大经济体，其制造业PMI在2019年8月都跌到了50以下，说明全球制造业整体处于不景气状态。但并非所有经济体都处于不景气状态。上表显示，从中美贸易战获益的印度和越南的制造业PMI在52以上，说明这两个国家的制造业目前处于景气状态。

中国制造业状况在2019年呈怎样的走势？从国家统计局官网，读者可以找到图1-1，它显示了中国制造业PMI在2019年3月至7月的走势。我们看到中国制造业PMI在2019年呈下降趋势，4月至7月这四个月份处于不景气状态。

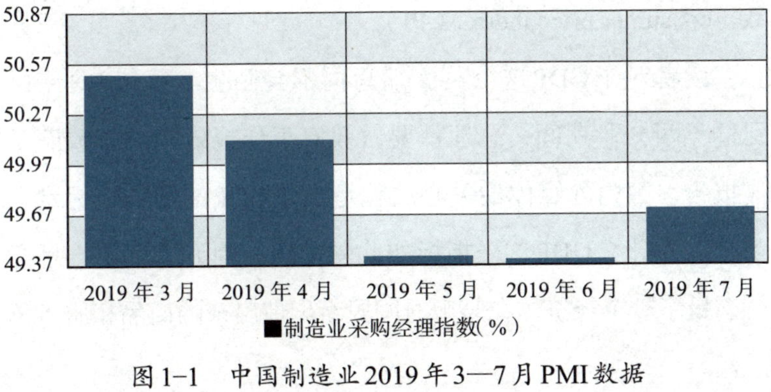

图1-1　中国制造业2019年3—7月PMI数据

二维测温：读GDP和CPI，深察经济之体温

国内生产总值（GDP）

前文介绍的PMI指数可以用来探测宏观经济未来一个月的温度，如果PMI＞50，则宏观经济处于扩张状态；如果PMI＜50，则宏观经济处于收缩状态。但是宏观经济的温度不是一只PMI温度计就能搞定的。读者可能听说过“滞胀”这个名词。滞胀是指经济在下滑而物价在上涨；如果借用中医的概念，滞胀就是又寒又热。要测量类似滞胀这样的病症，光PMI就不够了，而至少需要用两个指标：一个是国内生产总值（gross domestic product，GDP），另一个是消费者价格指数（consumer price index，CPI）。

读者对于GDP这个英文缩写词不会陌生。每年3月中国召开“两会”期间，总理都要做政府工作报告。对于政府工作报告，国内外媒体最关心的就是当年GDP的增长目标定在多少。为什么GDP这个指标如此受关注？因为这个单一指标就衡量了一个经济体在某个时间段新创造出来的商品和服务的总额。

GDP有几个重要的属性：

第一，GDP是一个增加值的概念，它给出的是所有行业的增加值之和。假如农民种的麦子卖了1万元，麦子磨成面粉卖了2万元，面粉做成面条卖了3万元，算在GDP中的是麦子的1万元、面粉制作所增加的1万元，以及面条制作所增加的1万元，总计3万元。GDP不是将麦子总价1万元加上面粉总价2万元加上面条总价3万元，如果这样算，将会造成重复计算，将1万元的麦子价值重复计了3次。

第二，GDP是一个地域概念，不是一个国民概念。GDP计算了一个国家境内新创造的价值，无论是本土企业创造的价值、合资企业创造的价值，还是外资企业创造的价值，但是GDP并不包括本国企业在外国所创造的价值[1]。采用GDP是合理的。试想，如果把所有外资企业在中国境内创造的价值不算在中国的经济总量中，那对中国经济规模的认知就会出现很大的偏差。

第三，GDP是一个生产概念，不是销售概念。GDP所衡量的是新生产出来的产品和服务的总价值，和这些产品和服

❶ 按照国籍来计算的指标是国民生产总值（gross national product，GNP）。对世界上绝大多数国家而言，本国在国外的生产要素所汇回的收入（包括本国在外投资所获利润和本国在外务工人员所获工资收入）和汇出本国的国外生产要素的收入（包括外国企业投资本国所获利润和外国务工人员在本国所获工资收入）之间的差距很小，所以GDP和GNP在数额上通常很接近。

务是否在市场上售出无关。对于没有售出放在仓库里的产品，GDP统计将其计入“存货投资”。由此可见，如果用GDP来考核地方政府官员，那就难免会出现地方政府大兴土木留下一片“无人区”了。因为即使新建的楼房成为“鬼楼”，它们也计入当年的当地GDP之中[1]。

第四，GDP包含新创造出来的服务的价值。房子，无论新旧，都提供新的居住服务。对于市场上出租的房子，房租就是新增居住服务的价值。那么问题来了，自住房屋同样提供了新的居住服务，但没有房租记录。如果不算自住房屋的隐形房租，那么GDP核算就少算了一大块。所以按照GDP核算法则，每个国家的统计局都必须对所有自住房屋的隐性房租作出估计，将其计入GDP中。读者会说，汽车冰箱等耐用消费品也有隐性租金，要不要估计后计入GDP？答案是：除了房子这个特大项，其他耐用品的隐性房租在GDP统计时略去了，因为永远算不过来，只能“抓大放小”。

根据当年物价计算出来的是名义GDP。如果今年的名义GDP比去年的名义GDP增长了10%，并不代表实际新增产品

[1] 注意房子的价值只计入它新建那年的GDP中，二手房的买卖价格不计入GDP。当然为了卖个好价对二手房进行维修的费用将计入当年的GDP，因为这是新增价值。

和服务的数量增长了10%，有可能是实际产量增长了6%和物价增长了4%这两个因素共同导致的。大家关心GDP，是关心GDP所代表的购买力。如果GDP翻一番是因为物价翻了一番，这个GDP翻一番就没什么意义了。所以，我们说到GDP，指的是GDP的购买力，也就是实际GDP。例如，2018年总理政府工作报告将当年的GDP增长目标定在6.5%左右，并不是2018年GDP值和2017年GDP值相比增长6.5%就达标了，而是要在挤掉了2017年至2018年的价格变化水分后的2018年的实际GDP增长率达到6.5%左右才算完成设定的目标。

不管你喜欢还是讨厌GDP，GDP都在那里，甩也甩不掉的。必须牢记，你要寻找的是那个戴面具的实际GDP，而不是那个一望便知的名义GDP。

消费者价格指数（CPI）

谈到宏观经济的温度，读者熟悉的一个概念应该是CPI，更确切地说，是CPI变化率所表示的通货膨胀率。CPI指的是一个典型家庭所消费的一篮子商品和服务的价格水平。如果这个典型家庭每年花1万元购买100单位的食品，花9万元购买90单位的"食品之外的消费品"，假设食品消费占总消费的

10%，那么当年的CPI价格水平就等于：

$$\frac{10\,000}{100}\times 10\% + \frac{90\,000}{90}\times 90\% = 910(\text{元})$$

这个910元本身没有什么意义，但是跨年比较就有意义了。假设第二年买的食品价格从100元上升到了200元，而“食品之外的消费品”的价格从1 000元上升到了2 000元，那么第二年的CPI价格水平就等于：

$$200\times 10\% + 2\,000\times 90\% = 1\,820\ (\text{元})$$

由此可计算出第二年的CPI通货膨胀率为

$$\frac{1\,820 - 910}{910}\times 100\% = 100\%$$

这个结果在意料之中：食品价格涨了一倍，“食品之外的消费品”的价格也涨了一倍，那么这只CPI篮子的价格也必定涨了一倍。在统计数据中，CPI数据采用了指数形式，首先确定一个基年，将基年的CPI设为100。在上面的例子中，我们可以将第一年设为基年：

$$CPI_1 = \frac{910}{9.10} = 100$$

那么第二年的CPI等于：

$$CPI_2 = \frac{1\,820}{9.10} = 200$$

对于中国的年度CPI数据，可以在国家统计局网站的年度数据下面，首先找到“价格指数”，然后在“各种价格定基指数”下找到“居民消费价格指数（1978 = 100）”。（1978 = 100）表明CPI指数的基年选在1978年。数据显示，2017年的CPI为637.5，2016年的CPI为627.5，所以2017年的通货膨胀率等于：

$$\frac{637.5 - 627.5}{627.5} \times 100\% = 1.6\%$$

这就是国家统计局公布的2017年全年的CPI变化率。数学上很容易证明，基年选在何年并不影响CPI通货膨胀率的计算结果。

通货膨胀率之所以成为媒体关注的焦点，是因为它的高低直接影响人民的生活，它反映了人们吃穿住用要付出的价格，也意味着人们口袋里的钱的购买力。如果你口袋里有1 000元，可以买100袋方便面，这1 000元的购买力就是100袋方便面。如果方便面价格涨了一倍，那么你口袋里的1 000元就只能买50袋方便面了。所以你一定痛恨通货膨胀。因为这个CPI通胀率是人民最关心的，所以它经常出现在报纸的头条，也被称为“头条通胀率”。但是用“头条通胀率”来判断一个国家宏观经济的冷暖有时会发生很大偏差，因为在CPI篮子中有两个大项目，一个是食品消费，一个是能源消费，它们的价格变化很多时候是由世界市场上食品和能源的价格的变化所决定的，并不反映这个国家自身的因素。因此，经济学家们在判断一个国家宏观经济冷暖时，会从CPI篮子里剔除食品和能源这两个项目，将之后计算出来的价格变化率称为"核心通胀率"。

最后提一句，CPI篮子中包含的是典型家庭购买的商品和服务。典型家庭买不买进口消费品？当然是买的。所以CPI篮子中包括进口消费品。典型家庭买房吗？这个问题无关紧要，因为CPI篮子中没有商品房，买房属于投资行为。但是典型家庭一定是要住房子的，如果是租房就要付房租，如果是住自己的房子，那也是要支付"隐性房租"的。所以CPI篮子中包含了典型家庭在住房方面的消费，即房租、水电气费、住房保险费，乃至房贷利息支出等，但是商品房是不在CPI篮子中的。因此，通货膨胀率不反映房价的变化。

三项辨识：实际与名义、流量与存量、同比与环比

实际与名义

对于宏观经济数据的解读，除了需要准确理解数据变量的定义外，还需要注意几个方面。本节讨论第一个方面：实

际变量和名义变量的区别。

名义变量指的是用当前的价格来衡量的变量。以GDP为例，2018年中国的名义GDP就是用2018年中国各种商品和服务的新增产量乘以2018年这些商品和服务的价格后加总所得（确切地说是所有商品和服务用当前价格所计算的增加值之和）。名义GDP的变化既可能是由产量变化所造成的，也可能是由价格变化所造成的，因此含有“价格水分”。

那么，什么是2018年中国的实际GDP呢？实际GDP指的是用不变价格衡量的当年新生产的商品和服务的增加值之和。什么是不变价格呢？就是选择某个基年（如2015年）的价格来计算所有年份的GDP值。那么选择哪个年份作为基年呢？在国家统计局网站（www.stats.gov.cn）找到“2018年四季度和全年国内生产总值（GDP）初步核算结果”（发布时间：2019–01–22），该文件中2.3.2节给出了说明：“不变价格增加值采用固定基期方法计算，目前每五年更换一次基期，2016年至2020年不变价格增加值的基年是2015年。”

从国家统计局官网可以找到表1–5第二列所显示的2014—2018年的名义GDP数据，通过计算可得表1–5第三列的名义GDP增长率数据。2018年中国的名义GDP为900 309.5亿元，这是国家统计局在2019年1月21日发布的2018年名义

GDP初步核算值[1]。与2017年的名义GDP数值820 754.3亿元相比，中国2018年的名义GDP增长率为9.69%。从国家统计局官网找不到中国的实际GDP数据，但是可以找到表1–5第四列所显示的实际GDP指数，由此可推知表1–5第五列所显示的实际GDP增长率。

表1–5　2014—2018年国家GDP数据

	名义GDP（亿元）	名义GDP增长率	实际GDP指数（上年＝100）	实际GDP增长率
2014	641 280.6	——	107.3	7.3%
2015	685 992.9	6.97%	106.9	6.9%
2016	740 060.8	7.88%	106.7	6.7%
2017	820 754.3	10.90%	106.8	6.8%
2018	900 309.5	9.69%	106.6	6.6%

根据定义，实际GDP增长率等于名义GDP增长率减去GDP篮子价格的增长率[2]。根据名义GDP增长率（9.69%）和实际GDP增长率（6.6%），我们可以推知2018年的GDP篮子价格增长了3.09%（9.69% − 6.6%）。当然国家统计局是

❶ 2018年的名义GDP是初步核算值，国家统计局预计会在2020年初公布2018年名义GDP的最终核实值。

❷ “GDP篮子价格”是本书作者为方便读者理解所起的俗名，它的学名是“GDP平减指数”。

先计算出GDP篮子价格的增长率为3.09%，再计算出2018年实际GDP的增长率为9.69%−3.09% = 6.6%的。总之，名义GDP增长率和GDP篮子价格的变化率是从观察到的基础数据中直接计算出来的，而实际GDP的变化率是观察不到的，它是根据名义GDP变化率和GDP篮子价格的变化率间接地推导出来的。

名义变量和实际变量的区分不限于GDP。这里再举一个利率的例子。银行发布的利率是名义利率，例如，中国人民银行网站（www.pbc.gov.cn）显示2018年12月最后一个交易日的一年期中债国债收益率为2.6%，这是名义利率。假设2019年全年的通货膨胀率为2%，那么一年期中债国债的实际利率约为2.6%−2% = 0.6%。

在经济分析中，实际变量是决定实体经济中企业和个人决策的变量，如作投资决策时看的是实际利率而不是名义利率。日本的名义利率等于零，这并不足以吸引企业去借款做实业投资。在通货紧缩的经济环境中，通货膨胀率为负（假定为−2%），因此，即使名义利率为零，实际利率也是正的（0%−（−2%）= 2%）。这个2%的实际利率对经济不景气的部分企业来说是较高的资金成本，所以这些日本企业不愿去借零利率的贷款。

同比与环比

第二个需要注意的方面是同比与环比的区别。以GDP数据为例，在国家统计局网站上，季度数据有“国内生产总值指数（上年同期 = 100）”和“国内生产总值环比增长速度”两项。以2018年为例，可得表1–6所显示的数据。

表1–6 GDP的同比与环比数据

	国内生产总值指数（上年同期 = 100）	季度GDP同比增长率	季度GDP环比增长率
2018年第一季度	106.8	6.8%	1.5%
2018年第二季度	106.7	6.7%	1.7%
2018年第三季度	106.5	6.5%	1.6%
2018年第四季度	106.4	6.4%	1.5%

从表1–6第二列的国内生产总值指数（上年同期 = 100）可知，2018年第四季度的实际GDP数值比2017年第四季度的实际GDP数值增长了6.4%，这就是“年对年”的季度GDP同比增长率。从国家统计局网站的“国内生产总值环比增长速度”季度数据可以直接获得2018年第四季度的环比增长率为1.5%，这是2018年第四季度的实际GDP数值比2018年第三季度的实际GDP数值的增长率。简而言之，与上一年度同一季度相比的增长率是季度

同比增长率，而与上一季度相比的增长率为季度环比增长率。

从国家统计局网站可以找到2017年和2018年的不变价国内生产总值的季度数据，用这些数据进行计算可以印证表1–6从“国内生产总值指数（上年同期=100）”计算所得的季度实际GDP同比增长率，从表1–7可知，2018年第四季度的GDP同比增长率等于（232 264.9－218 393.3）/218 393.3 = 6.4%，这和表1–6所示的数据一致。但用不变价国内生产总值季度数据来计算2018年的季度环比增长率，所得出的结果（表1–7最后一列）就和从国家统计局网站的“国内生产总值环比增长速度”直接获得的环比增长率有较大的差异（表1–6最后一列）。国家统计局官网有个备注：环比增长速度为经季节调整后与上一季度对比的增长速度。由此推断表1–7最后一列为没有经过季节调整的环比增长率，因而与表1–6最后一列经过季节调整的环比增长率存在了差异。

表1–7　2017—2018年季度GDP同比/环比增长率

国内生产总值（不变价），亿元				
	2017年	2018年	季度GDP同比增长率	季度GDP环比增长率（没有经过季节调整）
第一季度	171 852.5	183 613	6.8%	−4.0%
第二季度	191 284.6	204 077.2	6.7%	2.8%
第三季度	200 133.4	213 043.8	6.5%	1.1%
第四季度	218 393.3	232 264.9	6.4%	2.3%

流量与存量

第三个需要注意的方面是流量与存量的区别。流量变量所衡量的是某一时间段发生的经济活动量。例如，2018年我国全年国内生产总值（GDP）初步核算结果为90万亿元，这是从2018年1月1日—2018年12月31日这个时间段中国大陆境内新生产的产品和服务的增加值的总和，是一个流量指标。又如，某家庭全年收入为50万元，这个家庭收入是一个流量指标。

那么，什么是存量呢？存量指的是累积所得的经济活动量，所以它衡量的是在某个时间点的变量值，而不是某个时间段的变量值。例如，中国的外汇储备存量在2018年12月底为3.07万亿美元（中国外汇管理局网站：www.safe.gov.cn），这是中国从过去年份国际收支顺差所得的外汇积累到2018年底的数值，所以它是个存量指标。

对于一个家庭而言，每年的收入是流量，而通过储蓄和投资所积累起来的财富就是存量。一个年收入为50万元的中国家庭，其2018年底的财富可能为1 000万元，也可能为100万元，家庭财富存量水平取决于家庭的储蓄率和投资回报率。

四个账户：经常账户、资本账户、储备账户、补差账户

宏观经济分析除了要看GDP和CPI这类国内经济变量，还需要看这个国家和其他国家的经济来往，包括贸易来往和投资来往。这方面的数据被记录在这个国家的“国际收支平衡表”上。

国际收支平衡表是一个会计报表，包括四个账户。每个国际货币基金组织（International Monetary Fund，IMF）的成员国都有义务上报国际收支数据，这些数据可以在IMF的数据库官网（data.imf.org）上查询到。从中国国家外汇管理局网站（www.safe.gov.cn）可以下载“中国国际收支平衡表时间序列”数据，其年度数据始于1982年，该网站还发布最新的季度数据。

经常账户

国际收支平衡表首先显示的是“经常账户”，英文缩写为CA（current account）。经常账户的第一个子账户是货物贸易，当年的出口额记在“贷方”，进口额记在“借方”。在国际收支平衡表上，资金流入记在“贷方”，资金流出记在“借方”。例如，一

个国家的出口是货物出去，货款进来，所以出口额记在“贷方”；一个国家的进口是货物进来，货款出去，所以进口额记在“借方”。货物出口额减去货物进口额就是“贸易余额”。“贸易余额”为正时，这个国家当年为贸易顺差；“贸易余额”为负时，这个国家当年为贸易逆差。表1-8为中国2015—2018年的货物贸易账户。

表1-8　中国2015—2018年的货物贸易账户（单位：亿美元）

年　份	2015	2016	2017	2018
货物出口（贷方）	21 428	19 895	22 162	24 174
货物进口（借方）	−15 666	−15 006	−17 403	−20 223
贸易余额	5 762	4 889	4 759	3 952

从表1-8的数据我们发现，2015—2018年中国货物出口额和进口额都呈逐年上升趋势，而贸易顺差则呈逐年下降趋势。

经常账户的第二个子账户是服务贸易。历史上服务贸易额和货物贸易额相比很小，所以在讨论贸易问题时，一般不涵盖服务贸易。例如，中国2018年的贸易顺差为3 952[1]亿美元，指的是货物贸易项下的顺差，并不包括服务贸易，这种约定俗成延续至今。

[1] 货物贸易余额=货物出口额（贷方数字）−货物进口额（去掉负号的借方数字），计算所得结果与表中货物贸易余额数据的细微差别源于四舍五入。

然而服务贸易在国际贸易中日趋重要，不再可以忽视。表1–9为中国2015—2018年的服务贸易账户。

表1–9 中国2015—2018年的服务贸易账户（单位：亿美元）

年　份	2015	2016	2017	2018
服务出口（贷方）	2 174	2 084	2 131	2 336
服务进口（借方）	–4 357	–4 415	–4 720	–5 258
服务贸易余额	–2 183	–2 331	–2 589	–2 922

从表1–9可知，从2015—2018年，中国的服务贸易账户都是逆差，且逆差数额呈逐年增加趋势。

将货物贸易账户和服务贸易账户结合起来，就是“货物和服务贸易账户”，其余额可视为广义的贸易余额，以区别于约定俗成的狭义的贸易余额（狭义的贸易余额指货物贸易余额，不含服务贸易余额）。表1–10为中国2015—2018年的广义贸易账户。

表1–10 中国2015—2018年的广义贸易账户（单位：亿美元）

年　份	2015	2016	2017	2018
货物和服务出口（贷方）	23 602	21 979	24 293	26 510
货物和服务进口（借方）	–20 023	19 442	–22 123	–25 481
广义贸易余额	3 579	2 557	2 170	1 029

从表1-10可知，从2015—2018年，中国的广义贸易账户均为顺差，但顺差数额呈逐年下降趋势。

对绝大多数国家而言，经常账户的大头是贸易账户。除了贸易账户，经常账户还包括两个收入子账户，一个称为“初次收入账户”，记录跨境劳动收入和资本收益；另一个称为“二次收入账户”，记录跨境转移支付。由于这两个收入账户对绝大多数国家而言都相对较小，所以这里就不展开讨论了。表1-11为中国2015—2018年的收入账户。

表1-11　中国2015—2018年的收入账户（单位：亿美元）

年　份	2015	2016	2017	2018
初次收入余额	−411	−440	−100	−514
中国员工境外报酬汇入	331	269	217	181
外国员工境内报酬汇出	−57	−62	−68	−99
中国投资境外收益汇入	1 893	1 984	2 652	2 146
外国投资境内收益汇出	−2 584	−2 634	−2 906	−2 760
二次收入余额	−126	−95	−119	−24
外国对中国转移支付	359	309	282	278
中国对外国转移支付	−486	−404	−400	−302

注：初次收入包含员工收入、投资收益和“其他初次收入”，因后者数值很小，本表未列出。

表1-11告诉我们，从2015—2018年，中国的劳务收入

账户呈顺差（即中国境外员工汇回国内的劳务收入大于中国境内外籍员工汇出中国的劳务收入），中国的资本收入账户呈逆差（即中国境外投资企业汇回国内的资本收益小于在中国投资的外国企业所汇出中国的资本收益），中国的二次收入账户为逆差（即中国的对外转移支付，主要是中国对外国所发生的自然灾害的援助支出，大于外国对中国的转移支付，主要是外国对中国所发生的自然灾害的援助支出）。

资本账户

国际收支平衡表中的第二个大账户是“资本账户”，我们用KA指代（因为经济学中通常用K代表资本）。国际货币基金组织的最新版本将这个账户的分类复杂化了，这里不去讨论。我们还是沿用传统的分类，将私人部门的跨境资本流动归在“资本账户”，而将中央银行的跨境资本流动归在“储备账户”（后面会讨论）。

就连IMF的网站（data.imf.org）也还是采用传统的分类方法，将之命名为国际收支平衡表的分析展示（BOP analytical presentation），而将其最新版本的分类命名为国际收支平衡表的标准展示（BOP standard presentation），可见老版本更适用于分析，而新版本的“标准展示”不太理解其用处。必须特别注意，新版中的“金融账户”就是传统所称的“资本账户”。本书还是沿用传统的称谓“资本账户”，因为几乎所有的国内外相关资料迄今仍然都使用“资本账户”这个称谓。例如，“关于中国资本账户开放的讨论”，从来没见过将此称为“关于中国金融账户开放的讨论”[1]。

资本账户有三个子账户：直接投资、证券投资和其他投资[2]。直接投资指的是以参与经营决策为目的的投资，它可以是新建工厂，称为绿地投资；也可以是购买旧厂，称为兼并收购。表1-12为中国2015—2018年的直接投资账户。

表1-12　中国2015—2018年的直接投资账户（单位：亿美元）

年　份	2015	2016	2017	2018
中国对外直接投资（借方）	−1 744	−2 164	−1 383	−965
外国对华直接投资（贷方）	2 425	1 747	1 661	2 035
直接投资账户余额	681	−417	278	1 070

[1] 新版中是有个“资本账户”（capital account），但它不是我们通常说的资本账户，而是记录资本转移收支，其数额很小。请读者忽略。我们通常说的资本账户等同于新版中的非储备金融账户。

[2] 新版中还有个“金融衍生产品投资”子账户，因其数额很小，在这里忽略。

表1-12告诉我们，在2015—2018年这个经济增长速度放缓的“新常态”时期，中国仍然保持着每年2 000亿美元左右的外国直接投资流入，这说明中国对外国直接投资（绿地投资或兼并收购）保持着吸引力。同时，中国对外直接投资在这四年不太稳定，其中2016年中国对外直接投资数额巨大（2 164亿美元），甚至超过外国对华直接投资的数额（1 747亿美元），使中国在当年成为直接投资的净输出国，其原因可能是2015年下半年开始的人民币贬值预期导致国内资金借直接投资渠道大量外流。在中国政府的严厉管制下，中国对外直接投资数额在2017年大幅下降至1 383亿美元，在2018年下降至965亿美元。

资本账户的第二个子账户为“证券投资”，指的是对股票和债券这类金融证券的投资，其目的在于盈利而不是直接参与企业的经营管理。表1-13为中国2015—2018年的证券投资账户。

表1-13　中国2015—2018年的证券投资账户（单位：亿美元）

年　份	2015	2016	2017	2018
中国对外证券投资（借方）	−732	−1 028	−948	−535
外国对华证券投资（贷方）	67	505	1 243	1 602
证券投资账户余额	−665	−523	295	1 067

表1-13告诉我们，中国的证券投资账户在2015—2016年呈净流出，其原因可能是2015年后对人民币的贬值预期导致了国内资金借此渠道大量外流。中国的证券投资账户在2017年和2018年呈净流入，其原因可能是中国政府加大了对外国在华证券投资的开放度和对国内向外国证券投资的管控力度，以及人民币的贬值预期这个因素在2017年后减弱了。

资本账户的第三个子账户为"其他投资"，其内容基本上是经过商业银行渠道的投资，如银行转账、银行信贷等。表1-14为中国2015—2018年的其他投资账户。

表1-14　中国2015—2018年的其他投资账户（单位：亿美元）

年　份	2015	2016	2017	2018
中国对外其他投资（借方）	−825	−3 499	−1 008	−1 984
外国对华其他投资（贷方）	−3 515	332	1 527	1 214
其他投资账户余额	−4 340	−3 167	519	−770

表1-14告诉我们，中国的对外其他投资账户在2015年和2016年呈巨额资本外流的态势。尤其值得注意的是，2015年的外国对华其他投资竟然是负值，说明该年度外国企业和个人从中国的银行账户提出了巨额资金，这些是他们原来存在中国商业银行的资金。显然这是因为2015年后对人民币的贬值预

期所致。中国的对外其他投资账户在2017年和2018年相对平衡，顺差（2017年的519亿美元）和逆差（2018年的770亿美元）的数额相对较小。

储备账户

国际收支平衡表的第三个大账户是“储备账户”，英文缩写为RA（reserves account），指的是中央银行所拥有的储备资产在当年的变化数额。属于储备资产的有货币黄金、特别提款权（special drawing rights，SDR）、在IMF的储备头寸，以及外汇储备。通常情况下官方储备的变化主要是外汇储备的变化。值得注意的是，由于会计记账的要求，储备增加在“储备账户”下记为负值，而储备减少在“储备账户”下记为正值。表1-15为中国2015—2018年的储备账户。

表1-15　中国2015—2018年的储备账户（单位：亿美元）

年　份	2015	2016	2017	2018
货币黄金	0	0	0	0
特别提款权	−3	3	−7	0
在IMF的储备头寸	9	−53	22	−7
外汇储备	3 423	4 487	−930	−182
储备资产账户余额	3 429	4 437	−915	−189

表1-15告诉我们，中国在2015年和2016年官方储备资产分别减少了3 429亿美元和4 437亿美元，而在2017年和2018年中国的官方储备资产分别增加了915亿美元和189亿美元。

补差账户

国际收支平衡表的第四个大账户称为“净误差和遗漏”（Net Errors and Omissions），我们用EA作为其英文简写。对于任何一张会计报表，每一项经济活动会被记录两次。例如，某项出口活动在海关会被记录一次（反映在经常账户上），而出口所得款在收款银行会被记录一次（反映在资本账户上）。如果每项经济活动都没有任何遗漏地被准确记录下来，那么会计报表的贷方总计和借方总计应该相等。但由于记录过程中不可避免的误差和遗漏，国际收支平衡表的贷方总计和借方总计通常不会完全相等，将这个差额补上后，贷方总计和借方总计才会相等，所以我们简称这个账户为“补差账户”。根据定义，国际收支平衡表的四大账户相加恒等于零。

$$\text{CA} + \text{KA} + \text{RA} + \text{EA} \equiv 0$$

表1-16为中国2015—2018年国际收支四大账户的余额。

表1-16 中国2015—2018年国际收支四大账户余额（单位：亿美元）

年 份	2015	2016	2017	2018
经常账户余额（CA）	3 042	2 022	1 951	491
资本账户余额（KA）	−4 341	−4 164	1 094	1 300
储备账户余额（RA）	3 429	4 437	−915	−189
补差账户余额（EA）	−2 130	−2 295	−2 130	−1 602
四大账户余额合计	0	0	0	0

表1-16告诉我们，中国的国际收支活动中有非常大的数额归在净误差和遗漏项（即补差账户）下面。2015年至2018年的补差账户余额表明净误差和遗漏额分别高达2 130亿美元、2 295亿美元、2 130亿美元和1 602亿美元。如果这些净误差和遗漏额是真实发生在资本账户上但没有被记录下来的金额，那么它们衡量的就是通过某些没有被统计所覆盖的渠道（含非法渠道）外流的净资本流出量。

表1-17给出了6个国家的补差账户余额。

表1-17 6个国家的补差账户余额（单位：亿美元）

国家 \ 年份	2015	2016	2017	2018
美 国	819	465	631	423
中 国	−2 130	−2 294	−2 130	−1 602

（续表）

国家＼年份	2015	2016	2017	2018
日　本	467	743	−329	91
德　国	−287	−91	259	−227
英　国	18	−62	−269	281
法　国	90	−83	−175	−178

资料来源：data.imf.org.

由表1-17可知，在2015—2018年这个时期，与其他国家相比，中国国际收支中的净误差和遗漏项的数额特别巨大。补差账户余额可能反映未被统计覆盖的跨境流动，这在分析一个国家的宏观经济状况及其前景时是一个不可忽略的因素。

第2章

如何把握趋势

上一章介绍了宏观经济分析中需要关注的变量及其数据来源。那么怎样从这些数据中获得对认识宏观经济具有指导意义的结论呢？这就需要学习本章讨论的判断宏观经济趋势的方法，以及下章讨论的判断宏观经济拐点的方法。

短期看需求

宏观经济分析首先需要区分短期和长期，这个区分和时间长短有关，但本质上不是时间长短的问题，而是市场价格弹性的问题。短期是指在这个时间段市场价格的弹性较低，某些商品的市场价格来不及根据市场情况的变化来调整到位，也就是存在所谓的“价格黏性”；而长期是指在这个时间段内市场价格弹性较高，商品价格对市场情况的变化有足够的反应来调整到位。

“短期”和“长期”这两个称谓在很大程度上是约定俗成的称谓，更确切的表述应该是采用“价格黏性”和“价格弹性”这两个概念。对于一个市场灵活运转的经济体，价格调整到位的时间可以很短；而对于一个有很多价格管制的经济体，这个“短期”可以是很长的一个时间段。对于绝大多数市场经济国家而言，价格在较长时间段内会调整到位，只有在较短时间段中才会有某些商品和生产要素的价格调整不到位，所以使用“短期”和“长期”这两个称谓基本上是准确的。

关于宏观经济的短期和长期分析，我们先来介绍“潜在GDP”这个概念。在一个给定的时间点t，一个国家的资源禀赋是既定的，劳动力总量为L_t，资本总量为K_t，土地总量为T_t，等等。在完全竞争市场的假定下，市场价格的灵活调整会使这些资源禀赋得到最有效的配置，由此所获得的实际GDP数量称为“潜在GDP”。如果用函数$F_t(\cdot)$来表示在时间点t时该国有效配置资源的方法，那么，

$$\text{潜在}\mathrm{GDP}_t = F_t(L_t, K_t, T_t, \cdots)$$

这个潜在GDP水平被认为是在“长期”能够实现的GDP水平。但准确而言，这是时间t上能够实现的“最佳”GDP水平，这里的关键条件是市场价格灵活调整使资源得到最佳配置，而不是时间长度。所以潜在GDP最优的理解是时间t这个时点的GDP标杆，即在时间点t时该国所能实现的“最佳”GDP水平。

在理解了“长期”的潜在GDP概念后，再去理解“短期”就容易了。时间t的潜在GDP水平取决于时间t的资源数量和将资源有效配置起来的技术和管理能力，称为宏观经济的供给

方。根据短期的定义（即价格黏性），在短期供给方是既定的（即潜在GDP是既定的），所以要影响时间t时的GDP水平，只能通过宏观经济的需求方。

什么是需求？需求就是在给定价格下愿意购买的产品和服务的数量。如果一个苹果1元，我愿意买5个；如果一个苹果2元，我愿意买4个；如果一个苹果10元，我就不吃苹果了。什么是一个国家的总需求？它就是在当年的价格水平下本国消费者愿意购买的本国生产的消费品的数额（英文consumption，此处写为C_D，下标D指本国生产），加上本国的投资者愿意购买的本国生产的投资品数额（英文investment，此处写为I_D），加上外国的消费者和投资者愿意购买的由这个国家生产的投资品和消费品的数额，也就是这个国家的出口（英文exports，EX）。这三项对本国生产的产品和服务需求的加总，就是对这个国家所生产的产品和服务的总需求（英文aggregate demand，AD）：

$$AD = C_D + I_D + EX$$

在统计消费和投资数额时，很难分清哪些是国产的，哪些是进口的；我们观察到的消费需求（C）既包括了对国产消费品的需求（C_D），也包括了对进口消费品的需求（C_F），即$C =$

$C_D + C_F$，这里的下标F指国外生产。同样地，我们观察到的投资需求（I）既包括了对国产投资品的需求（I_D），也包括了对进口投资品的需求（I_F），即$I = I_D + I_F$。因此，在计算一个国家的总需求时，需要剔除对进口品的总需求（$C_F + I_F$）。而对所有进口品的需求加总就是本国的进口需求（英文imports，IM），即$IM = C_F + I_F$。所以一个国家的总需求可以写成：

$$AD = (C - C_F) + (I - I_F) + EX$$
$$= C + I + (EX - IM)$$

这里的$EX-IM$就是这个国家的净出口需求（英文net exports，NX）。由此一个国家的总需求可以写成：

$$AD = C + I + NX$$

上面这个等式所表示的，就是关心宏观经济的中国读者耳熟能详的“三驾马车”：消费马车（C）、投资马车（I）和净出口马车（NX）。这三驾马车是从需求侧来拉动经济的。在短期，总供给是固定不变的，所以当供求均衡时[1]，

[1] 在宏观经济学教科书中，总需求都写成$AD = C + I + NX$。读者需要清楚，这个“三驾马车等式”中的消费马车包括对进口消费品的需求，投资马车包括对进口投资品的需求，只有如此定义消费马车和投资马车时，第三驾马车才是净出口需求。如果消费马车定义为对国产消费品的需求时，（转下页）

$$\text{短期实际GDP} = AD = C + I + NX$$

如果将政府的购买需求（G）也考虑进来[1]，那么就得到：

$$\text{短期实际GDP} = C + I + G + NX$$

根据上面这个式子，政府可以通过运用财政政策和货币政策来影响宏观经济的需求侧，从而实现实际GDP在短期的增长目标。财政政策有两大工具，一是政府出资搞项目（G），另一个是通过减税来提高消费需求（C）、投资需求（I）和净出口需求（NX）。货币政策则是通过运用利率和银行法定准备金率等工具来影响企业的投资需求和居民的购房需求（这两项都包括在I中）。广义的货币政策还包括运用汇率工具来影响净出口需求（NX）。

（接上页）投资马车定义为对国产投资品的需求，那么第三驾马车就是总出口（EX）而非净出口（NX）。理解这一点很重要，因为如果第三驾马车是净出口，那么它对总需求的拉动要求这个国家的贸易余额改善（NX上升），也就是贸易顺差增加或贸易逆差减少，此结果可能导致对于贸易开放对一国总需求作用的错误理解。事实上，无论贸易余额变化与否，一个国家的出口需求的增加，即使在进口需求同等增加时，对这个国家的总需求仍然起作用。只要我们用$AD = C_D + I_D + EX$这个分解法替代$AD = C + I + NX$这个分解法，我们就能把这点看得很清楚。

[1] 政府既购买国产品，又购买进口品。由于政府购买的进口品包含在IM中，所以这个等式中的政府购买需求（G）指的是政府购买的所有产品和服务，既包括国产品（G_D），又包括进口品（G_F）。

上述讨论告诉我们：要判断短期宏观经济趋势，就要盯住总需求（*AD*），尤其是要盯住影响总需求的财政政策和货币政策的变化。这就是为什么全世界都关注美联储（即美国的中央银行）每六周一次的议息会议。如果美联储升息（即提高美国的基准利率，也就是联储基金利率），它将引导美国的市场利率整体上扬，由此抑制美国的投资需求和消费信贷，其目的是使美国的总需求下降从而抑制经济过热。相反，如果美联储降息，那么美国经济就会上扬。由此可见，对于判断短期经济走势，我们必须时刻关注宏观政策动向。

长期看供给

上节已经谈到，时间点t的潜在GDP水平，是由时间点t的资源数量和对它们的使用效率所决定的。随着时间的推移，一个国家的资源数量和使用效率都会发生变化，由此决定了一个国家潜在GDP的长期趋势。因为潜在GDP水平是由供给侧所决定的，所以一个国家的长期经济水平取决于供给侧因素。供给侧因素包括生产要素的供给数量和对这些要素的使用效率。理解了这一点，我们就懂得了下面这个重要的道理：需求侧因素，即所谓的“三驾马车”（消费需求、投资需求和净出口需求），以及财政政策、货币政策和汇率政策（统称为宏观经济政策），它们所能影响的仅仅是短期GDP水平围绕潜在GDP趋势线的上下波动，而对潜在GDP的趋势线本身起不到什么作用。

如果我们将生产要素简单地划分为劳动力（英文缩写为L）和生产性物质资本（英文缩写为K）两大类，而将其他生产要素（如人力资本和基础设施）的作用归在生产效率的作用之中，那么供给侧的力量可以定义为“新三驾马车”，即劳动力增长、生产性物质资本增长和生产效率提高。这里的生产效率是劳动力和生产性物质资本的配置效率，学名为“全要素生产率”（total factor productivity，TFP）。一个国家的长期经济增长趋势，也就是它的潜在GDP趋势线，是由这“新三驾马车”拉动的。

老三驾马车（消费需求、投资需求和净出口需求）所拉动的是短期GDP，可以说是“GDP挂帅”。而新三驾马车（劳动力、物质资本和全要素生产率）所拉动的是长期GDP。因为劳动力的增长和物质资本的增长对长期GDP的拉动力会受生产要素投入边际收益递减规律的影响（举例来说，第一个100万元物质资本的投入可获得15%的回报率，第二个100万元的投入可获得10%的回报率，第三个100万元的投入只能获得

5%的回报率，这就是物质资本投入的边际收益递减规律），所以劳动力增长和物质资本增长这两驾马车对长期经济增长的拉动作用难以持续，能够长期持续拉动GDP的，只有全要素生产率（TFP）的提高。所以从“GDP挂帅”转变为“TFP挂帅”，是对经济发展战略从注重短期转变为注重长期的准确归纳。

应用这个理论，可以将一个国家的长期经济增长的推动力分解为三个部分。据美国劳工部的计算，美国在1948—2007年这60年所达成的3.52%的实际GDP年均增长率，其背后的推动力包括劳动力投入量的增长（贡献了27%）、生产性物质资本投入量的增长（贡献了34%）和生产效率的增长（贡献了39%）[1]。美国经济的长期增长主要靠的是全要素生产率（TFP）的提高，这就是美国经济强大的原因。

本节的结论是：对于判断一个国家宏观经济的长期趋势，我们需要去看这个国家的劳动力和物质资本这些生产要素的增长前景，更要去看这个国家的全要素生产率的增长前景。一个国家如何能够提高其全要素生产率，那又是一个大学问了。限于篇幅，这里不再详述，有兴趣的读者可以去找一本《宏观经济学》教科书，阅读其中关于长期经济增长的章节。

---

[1] 保罗·萨缪尔森，威廉·诺德豪斯.宏观经济学［M］第19版.萧琛，等.译.北京：人民邮电出版社，2012：207.

局中看平衡

前面两节分别讨论了宏观经济的需求侧和供给侧，结论是短期GDP取决于需求侧因素（传统的三驾马车：*C*、*I*、*NX*），长期GDP趋势取决于供给侧因素（新三驾马车：*L*、*K*、*TFP*）。但是所谓的短期和长期只是一种方便思考的抽象，现实中的经济永远处于既受短期因素影响又受长期因素影响的“局中”。所以在任何时点判断宏观大势，只关注需求侧，或只关注供给侧，都是不准确的，必须看供需力量在这个时点上的平衡。

例如，对2010年开始的中国经济增长放缓这个现象的分析，供给侧的原因包括：第一，劳动力增长率的下降。由于劳动人口占总人口比重的下降和年轻劳动力占总劳动人口比重的下降（即所谓的人口红利的消失），劳动力增长对中国经济的拉动作用明显减弱了[1]。数据显示，1995—2010年中国劳动力平均增长率为0.9%，2011—2015年此数据为0.3%，

---

[1] 这里采用了劳动力增长的狭义定义，将劳动力的作用限定为劳动力数量的作用。广义而言，劳动力增长还包括劳动力质量的提高。在分析经济增长的促进因素时，可以将劳动力质量提高对经济增长的作用包含在全要素生产率的作用中，也可以将劳动力质量提高对经济增长的作用单列出来。

2016—2025年的预测值为-0.2%，2026—2030年的预测值为-0.4%[1]。

第二，物质资本增长率的下降。基于国家统计局的数据，将全社会固定资产投资的现值用固定资产投资价格指数转换成2010年不变价计算的全社会固定资产投资额，同时假定1990年底的初始资本存量为5 000亿元和假定15%的折旧率，我们可以计算出1990年至2018年每年年底的全社会固定资本存量，由此得到物质资本的年均增长率：1990—1995年为46%，1996—2000年为26%，2001—2006年为21%，2006—2010年为26%，2013—2018年为19%。物质资本增长率的下降是中国经济增长速度下滑的原因之一。

第三，全要素生产率增长速度的下降。日本一桥经济研究所的伍晓鹰教授对中国经济增长促进因素进行了研究，在其2018年发表的一篇研究报告给出了如下的结果，如表2-1所示[2]。

---

[1] 数据来源：www.statista.com/statistics/252714/labor-growth-in-china.

[2] 该研究文章的链接为www.iariw.org/copenhagen/wul.pdf.

表2-1 中国全要素生产率增长率的估计数

	1980—1991	1991—2001	2001—2007	2007—2012	2012—2016
实际GDP增长率（%）	8.78	8.94	10.06	7.88	5.29
物质资本数量增长率（%）	4.91	6.58	8.57	8.95	7.13
物质资本质量增长率（%）	−0.08	−0.10	−0.05	0.01	0.07
劳动力数量增长率（%）	1.34	0.80	0.60	−0.62	0.18
劳动力质量增长率（%）	0.06	0.51	0.06	1.18	0.26
全要素生产率增长率（%）（扣除质量变化后）	2.54	1.16	0.88	−1.64	−2.35
全要素生产率增长率（%）[1]（包含要素质量变化）	2.54	1.43	0.90	−0.93	−2.17

虽然对全要素生产率的估计方法存在争议，但中国全要素生产率的增长速度呈下降趋势是一个得到大多数研究所支持的结论。值得提醒读者的是，全要素生产率增长率的计算是用实际GDP增长率减去物质资本增长和劳动力增长的贡献后得到的"残差"，它包括促进生产率提高的各种因素的作用，其中包括未被衡量的生产要素投入的作用。能够促进生产率的因素包括技术进步、制度改进、城市化、基础设施改善等。从定性上讲，人口红利消失、资本增长率下滑、技术

❶ 此项为本书作者所估算，在计算中假设物质资本质量的贡献系数为0.4，劳动力质量的贡献系数为0.6。

模仿空间缩小、改革红利枯竭、城市化带来的人口移动所产生的效率效应变小等都是中国经济增长放缓的因素，但每个因素起的作用具体有多少，仍需要进行深入的定量研究才能确定。

正是基于对供给侧因素定量作用大小存在争论，才有了需求侧因素同样可能是中国经济放缓背后的原因的说法，甚至有认为需求侧因素是主要原因的说法，其论据是2010年后几乎所有经济体的增长速度都放缓了，所以是全球经济处于下滑周期（需求侧），而不是上述的供给侧因素，导致了中国经济增长放缓[1]。但是这个论证方法是经不起推敲的。全球经济受中国经济的影响非常大，如果中国经济因为其自身因素出现放缓，由此影响到全球经济增速，那么数据上就会显示全球各国经济同步放缓，这怎么能证明是全球经济出现周期性下滑导致了中国经济增速下滑呢？这不是因果倒置了吗？

肯定中国经济放缓主要是由供给侧因素变化所造成的，并不排除需求侧政策可能也起了作用。如果需求侧的“冷却”政策非常严厉，就会使经济增长速度放缓。但这是放缓速度高低

[1] 此处引用的是林毅夫的观点，Justin Yifu Lin. China’s growth deceleration：Causes and future growth prospect［J］. Frontiers of Economics in China，2019，14（1）：26–52.

的问题，不是放缓趋势是否由此决定的问题。对于局中宏观经济走势的判断，除了把握主要由供给侧因素决定的趋势外，确实也不能忽略需求侧因素特别是一些过激的宏观经济政策所造成的对趋势的上推或下推作用。这就是本节“局中看平衡”的含义。看平衡，指的是在判断宏观大势时既考虑供给侧因素，又考虑需求侧因素，这两方面因素的作用需要通过定量分析得到全面平衡的评估。

变幅看预期

20世纪下半叶宏观经济学最重要的一项突破，是对“预期”这个变量的认识大大加深了。在20世纪70年代之前，宏观经济学的主流是凯恩斯主义，开出的药方是经济衰退时刺激，经济过热时降温，所用的常规工具包括利率和法定准备金率。需要说明的是，当货币政策的目标为基准利率时，基准利率目标的实现靠的是公开市场操作，即中央银行通过在公开市场上买卖短期政府债券来使得市场短期利率向基准利率目标靠拢。政府债券不是中央银行发行的，而是由财政部发行向老百姓借钱来支付政府的开支。和其他金融产品一样，政府债券在市场上流通，成为家庭资产组合中的一部分，同样也成为中央银行资产组合中的一部分。当中央银行决定升息时（也就是提高基准利率），它的交易员就会在市场上卖出短期政府债券，由此回笼货币；市场上货币量的减少会导致市场利率上升，中央银行的公开市场操作在市场利率到达目标区间后就完成了。同理，当中央银行决定降息时（也就是降低基准利率），它的交易员就在市场上买进短期政府债券，由此向市场注入流动性；市场上货币量的增加会导致市场利率下降，直到市场利率到达中央银行所确定的目标区间为止。中央银行还有法定准备金率这个工具。通过公开市场操作放出的货币量称为基础货币量，它对货币发行量的影响取决于商业银行的放贷量，而商业银行的放贷能力受法定准备金率的影响。当央行提高法定准备金率时，商业银行必须将存款中的更大一部分放到央行去作为法定准备金，因而能够放贷的钱变少了，由此央行达到了为经济降温的目的。除了利率和法定准备金率这样的常规货币政策，央行还有非常规货币政策，例如，在2008年后发达国家所使用的量化宽松政策，它也是通过公开市场操作来向市场注入流动性，只是央行的购买标的不再是短期政府债券，而是长期政府债券、公司债和房贷债等金融资产。

由于通过增发货币降低利率的刺激政策在短期立竿见影，导致这个政策在20世纪60年代在美国被过度使用，其恶果是通货膨胀节节升高。当老百姓形成通胀预期后，他们在工资谈判时就会要求工资增幅和通胀幅度匹配，结果是通胀的进一步上升。到了70年代，宏观经济学在凯恩斯后诞生了又一位大师——米尔顿·弗里德曼（Milton Friedman），他发现通胀预期的存在使得增发货币对实体经济刺激作用弱化乃至全无效果，最后的效果只剩下让物价进一步高涨[1]。弗里德曼之后又诞生了一位宏观经济学大师——罗伯特·卢卡斯（Robert E. Lucas Jr.），他将预期的作用提到了新的高度，发展出了“理性预期学派”。在经济分析中作出理性预期的假定并不是认同在现实世界中人们真的会完全理性地预期未来，而是说经济分析不应该建立在人们会犯系统性错误这个假设之上。不是所有人都是自私的，但如果假定人们做决策时不自私，那么所得出的判断会比假定人们做决策时自私所得出的判断要不靠谱。同样，人们的预期并非完全理性，但如果以人们不理性预期为假定所得到的判断，会比假定人们理性预期所得到的判断要不靠谱。理性预期革命之所以成为革命，因为它使得之前的许多宏观经济分析失去了意义。因为如果从过去的数据中估计出经济行为的参数，再用这些参数作为预测未来的基础，那就是

❶ 学术术语称为菲律普斯曲线所隐含的失业率和通胀率之间此消彼长的关系失效。

假定人们不会从过去的经验教训中去学习去适应，也就是忽略“上有政策，下有对策”这一基本的行为方式。这样获得的预测怎会准确呢？这个观点就是著名的“卢卡斯批判”（Lucas Critique）。

卢卡斯指出，当老百姓利用所掌握的经济信息来做决策时，那些老百姓预料得到的经济政策（如经济数据变差时中央银行会降息）在实施时会没有作用，因为上有政策下有对策，可预见的政策作用在实施之前就被下面的应对策略的改变抵消掉了。所以只有出乎意料的政策才可能有效果。卢卡斯发现，在中央银行不怎么利用其信息优势来骗取政策效应的发达国家，宏观政策在短期尚有作用；而在经常利用信息优势来骗取政策效应的一些南美洲国家（如通过大量印钞来稀释老百姓所持货币的实际购买力），宏观政策在短期的作用很弱乃至全然无效，因为在这些国家，老百姓对政策变化很敏感，对政策的目的了如指掌，早已看破了政策的把戏，所以政策的实施起不到预期的作用了。

认识到了预期的作用，我们就能对宏观趋势有更好的判断。例如，在金融市场上，基本面（也就是前面所讲的供求侧）决定了价格趋势，外部冲击（即需求冲击和供给冲击）决定了对价格趋势的偏离，而预期则会影响趋势的时间长度和对趋势的偏离幅度。在20世纪的最后几年，信息技术的发展带来了新经济的繁荣，互联网股票价格上涨成为趋势。这时投资者预期此类股票会涨得更高，由此推动这一趋势得以持续直至互联网股票的涨幅大大超过了其基本面。记得当时的美联储主席艾伦·格林斯潘（Alan Greenspan）在1997年使用了“非理性繁荣”这个词汇来描述那个时期美国纳斯达克市场上新经济股票价格疯涨的状况；然而疯狂过后就是泡沫的破灭，其破灭的速度和下跌幅度同样会被预期的作用放大。

理解了预期的重要性，我们就能理解为什么日本在20世纪80年代楼市和股市会如此疯涨，以及为什么在90年代日本楼市和股市泡沫破裂后日本经济会一蹶不振。设想一下，如果日本央行在80年代使用强货币紧缩政策来管理预期，日本楼市和股市的泡沫就不会被吹得那么大；如果日本央行在1992年楼市和股市泡沫破裂时立即将基准利率一步降到零，并且采用今天被称为“量化宽松”的方法来注入大量流动性，那么日本民众就不会形成这么强的通缩预期，从而日本经济衰退的时间就不会持续这么长。当时日本官员及其智囊对预期这个宏观经济变量的作用缺乏深刻的理解，导致对宏观经济政策的错误使用，这是日本经济“失去二十年”的一个重要原因。

对于投资者而言，如果深刻理解了预期这个宏观经济变量所扮演的角色，那么对投资时的择时决策会有帮助。“股神”沃伦·巴菲特（Warren Buffett）说“别人疯狂时我恐惧，别人恐惧时我疯狂”，其背后的原因就是大众预期会使股价趋势超过基本面所决定的点位，而炒股高手就是那些能判断和利用好预期所引致的超调现象（overshooting）的投资者。

第3章

如何识别拐点

上一章讨论了对于宏观经济趋势的判断。光能把握经济趋势是不够的，我们还需要对经济趋势可能出现的拐点有所认识。本章从技术、政策和预期这三个角度来讨论对于宏观经济趋势中所出现的周期性变化和拐点的判断。

知技术之力

市场经济有周期性变化，既有上升周期，也有下降周期，呈现经济周期的循环。在经济学历史上，有所谓的“康德拉季耶夫长波周期”，这是苏联经济学家尼古拉·康德拉季耶夫（Nikolai D. Kondratieff）提出的。基于对英法德美等国的宏观经济时间序列数据的分析，康氏认为发达资本主义经济有平均为50年左右的长期波动，他对世界经济历史上的长周期（又称长波）作了如表3-1所示的划分。

表3-1 康德拉季耶夫长波周期

	上 升 期	下 降 期
第一次长波	18世纪70年代— 19世纪20年代	19世纪20—50年代
第二次长波	19世纪50—70年代	19世纪70年代—19世纪末
第三次长波	19世纪末—20世纪20年代	20世纪20—40年代

以此前推，第四次长波为20世纪40—90年代（40—70年代为上升期，70—90年代为下降期），第五次长波为20世纪90年代—21世纪30年代（20世纪90年代—21世纪10年代为上升期，21世纪10—30年代为下降期）。

康氏长周期不属于主流经济学的理论范畴，大部分主流经济学家认为不存在所谓的50年一轮的经济长周期。不过对于资本主义经济长期波动背后的原因，多数经济学家同意康氏的看法，即它是和科学技术的重大突破相关的，如表3-2所示。

表3-2 资本主义经济长期波动背后的原因

	科学技术重大突破和应用
第一次长波 （始于18世纪70年代）	第一次工业革命 （1769年瓦特制成第一台蒸汽机）
第二次长波 （始于19世纪50年代）	第二次工业革命 （电力的广泛应用）

（续表）

	科学技术重大突破和应用
第三次长波 （始于19世纪末）	钢铁与重工业时代
第四次长波 （始于20世纪40年代）	石油、汽车与量产时代
第五次长波 （始于20世纪90年代）	第三次工业革命 （信息技术的应用）

康氏长周期理论之所以不为主流经济学所认同，因为科学技术的重大突破所发生的时间点是不确定的，没有证据支持50年左右必然会有一次科学技术的重大突破。但是资本主义经济的长期动力源于对技术进步所带来的超额利润的追逐，却是一个深刻的洞察，将此观点作了系统阐述的是奥地利经济学家约瑟夫·熊彼特（Joseph Schumpeter）。熊彼特认为，当某项创新带来超额利润时，就会有大量竞争者涌入，直至将领先者毁灭。正是“创造—毁灭—创造”这一动态机制造成了资本主义经济的周期性波动。“创造性毁灭”这一词汇概括了熊彼特关于资本主义经济周期的理论。今天我们所强调的“企业家精神”，就是源于对这个市场经济内在动力的认知。

相较于50年为一个周期的所谓康氏长波，宏观经济学家更关注的是短期经济周期，也就是实际GDP的扩张期和收缩期在较短时间区间内的交替。以美国经济为例，在过去的100多年内，美国的实际GDP有一条以3%速度上升的趋势线，而实际GDP围绕这条趋势线的上下波动就是短期经济周期。美国国民经济研究局（National Bureau of Economic Research，NBER）基于宏观经济数据的变化确定每次经济衰退的开始时间和结束时间。数据表明，短期经济周期的长度和间隔时间都是不确定的。例如，1929—1933年的经济衰退时间很长且跌幅大，称为“大萧条”。而2001年科技股泡沫破灭和“9·11事件”所引发的经济衰退所持续的时间还不到一年。对于短期经济周期背后的原因，一个极端的理论认为它完全是由技术变化冲击所造成的，这个理论就是实际经济周期理论，其创建者芬·基德兰德（Finn Kydland）和爱德华·普雷斯科特（Edward Prescott）获得了2004年诺贝尔经济学奖。多数宏观经济学家并不认同实际经济周期理论对技术变化的狭义表述，但如果对“技术变化”作广义的表述，也就是将实际供给冲击作为经济周期背后的原因，包括农业丰年这类正向供给冲击和农业灾年这类负向供给冲击，以此来解释实际GDP围绕趋势线的上下波动，这样的观点还是被很多宏观经济学家接受的。

实际经济周期理论假设生产要素（劳动力和物质资本）市场是完美运转的，因而劳动力得以充分就业和物质资本得到充分利用。但数据表明，劳动就业率和资本利用率都是顺周期的，也就是说，它在经济上升期会上升，在经济下降期会下降，因而它们也是影响经济周期性波动的重要因素。

知政策之力

虽然科技变迁是经济周期的重要驱动力，但它的作用是逐渐释放出来的。对于经济趋势的突变，也就是所谓的“拐点”，更多时候是政策变化所致。所以对于判断和识别经济拐点，我们必须对政策有充分和深刻的认识。

在发达国家的历史上，最著名的经济拐点发生在1929年10月29日美国股市的突然崩盘，之后美国经济直线下滑，其深度前所未有，其间1/4的劳动者失去了工作。经济危机从美国蔓延到其他国家，每个国家自保不及，国际贸易量跌去一半。这次经济衰退一直持续到1933年，史称“大萧条”。

在1929年股市崩盘之前，美国经济一片繁荣。当时的美国财政部长安德鲁·威廉·梅隆（Andrew William Mellon）在1929年9月声称，“这一繁荣的高潮将会继续下去”。而当时的美国总统赫伯特·克拉克·胡佛（Herbert Clark Hoover）同样乐观，声称“贫民窟将从美国消失”。然而这片繁荣不堪一击，1929年10月29日，美国股市的“黑色星期二”打碎了一代美国人的致富之梦。经济学界对大萧条发生的原因存在分歧，但错误的政策难辞其咎。根据米尔顿·弗里德曼（Milton Friedman）和安娜·施瓦茨（Anna Schwartz）合著的《美国货币史》，这个拐点主要是由美联储错误的货币政策所导致的。众所周知，从19世纪初到第一次世界大战（简称一战）开始的1914年，主要工业国家采用金本位制。在一战后，各国又力图恢复金本位制，虽然并不成功，但货币政策思维仍受金本位制的主导，也就是用黄金支持货币的价值。由于黄金数量的增长相当缓慢，而商品经济增长迅速，所以金本位制思维导致货币发行量跟不上商品经济的增长速度，从而导致通货紧缩的发生。弗里德曼认为，正是这一紧缩性的货币政策引发了1929年的大萧条，所以弗里德曼称大萧条为“大紧缩”。而在大萧条持续的4年里，美联储遵循经济不景气时需要节俭的传统信条，不但不增加货币供给量，反而将货币供给量减少了1/3，这是这次经济衰退发展成经济大萧条的重要原因。

历史常常惊人地相似。第二次世界大战结束后，日本经济在1950年代起飞，之后30年实现了高速增长，史称“日本经济增长奇迹”。到了20世纪80年代末，日本经济的辉煌达到顶点，土地价格和股票价格一飞冲天。1989年10月，日本公司以8.46亿美元的价格购买了美国纽约市的地标洛克菲勒中心的所有者洛克菲勒集团51%的股权。1989年12月29日，日经指数达到了38 957点的历史最高点。

日本经济在1991年迎来拐点，地价和股价开始狂泻。即使到了2019年的今天，日经指数还只是1989年的一半略多（在写本节的2019年7月2日，日经指数收盘在21 754点）。此后日本经济熊途漫漫，从1992—2012年日本经济一直处于低迷状态，称为“失去的二十年”。

日本经济在1991年出现拐点的原因是什么？除了制度、技术和人口结构这类基础性因素之外，很重要的原因是政策失误。日本实体经济经过30年高速增长后，日元在20世纪80年代中期处于低估水平，使得日本企业拥有极高的出口竞争力，导致日本的贸易顺差急增，这对其他国家尤其是美国经济形成了巨大的压力。1985年9月22日，美国、日本、联邦德国、英国和法国在纽约广场饭店达成协议，史称“广场协议”，五国同意携手干预外汇市场，通过大量抛售美元和大量购买日元和马克，使得日元和马克对美元大幅升值。日元对美元的大幅升值确实压缩了日本出口企业的盈利空间，但这个盈利空间很大部分源于对日元的低估，它的存在不利于日本企业为应对国际竞争而发奋创新。然而日本政府和日本央行却选择了用降低利率的政策来对冲日元升值对日本出口企业国际竞争力所造成的不利影响。但是宽松的货币政策所创造出的大量流动性并没有为实体经济所用，而是流入了楼市和股市，迅速吹大资产价格泡沫。此时日本政府出台政策限制土地金融，日本央行按照当时的宏观经济学教条采取升息政策，这些紧缩性政策刺破了日本的资产价格泡沫，将日本经济推入深渊。此后日本央行没有迅速出台强有力的政策来刺激经济为日本经济注入信心，导致日本经济出现长达20年的“大衰退”，这和1929年美联储在货币政策上所犯的错误何其相似！

在上面两个例子中，货币政策被解读为经济拐点到来的推手。在发达经济体中，货币政策担任着宏观经济调控的最重要的任务，所以经济出现拐点与货币政策相关是在意料之中的。对于发展中国家而言，经济拐点的出现很多时候是和汇率政策有关。例如，在1997—1998年的亚洲金融危机中，受到冲击的亚洲经济体从繁荣到衰退这一拐点的出现都和其汇率制度有关。在1997年之前，经济学界对东亚和东南亚的国家和地区所实现的高速经济增长普遍持乐观看法，在韩国、新加坡、中国台湾和中国香港“四小龙”后，泰国、马来西亚、印度尼西亚等经济体被视为又一拨的“小虎”，这一现象在当时称为“亚洲经济奇迹”。当然，也有经济学家对东亚经济增长模式提出了质疑。最著名的是保罗·克鲁格曼（Paul Krugman）1994年发表在《外交事务》期刊上的文章，认为东亚经济增长主要依赖劳动力和物质资本的投入而不是生产效率的提高，因而受生产要素边际产出效益递减规律的影响，这个经济增长模式是不可持续的。克鲁格曼所指出的是东亚经济增长速度必然会减慢这个经济趋势。他的文章并没有讨论东亚经济由盛到衰这个拐点出现的时间点和促成机制。

回头来看，促成东亚经济体陷入金融危机的拐点与这些经济体所采取的汇率政策密切相关。1997年之前东亚经济体均采取钉住美元的固定汇率制度。因为美国是东亚各经济体最大的出口市场，所以钉住美元有助于和美国的贸易往来。由于这些国家的经济蓬勃发展，引得外国资本大量涌入。为了保持与美元的固定汇率，这些国家就必须大量发行本币，而增发货币的很大部分流向了楼市和股市，造成楼价和股价的暴涨。简而言之，经济的虚火很旺，风险累积，拐点迫近。此时以乔治·索罗斯（George Soros）为代表的国际宏观对冲基金嗅到了血腥味，开始做空这些经济体的货币，期望从这些货币汇率的贬值中获利。为了促使汇率贬值，以泰铢为例，索罗斯们从各种渠道获得泰铢在外汇市场上抛售。此时泰国央行为了维持泰铢与美元的固定汇率，必须用外汇储备来买进被抛售的泰铢。这个博弈成败与否就看这个经济体有没有足够的外汇储备来保卫本币的币值。在被攻击的东亚经济体中，最后只有香港地区守住了与美元的联系汇率，其余经济体从泰国到韩国全部被索罗斯们攻破，被迫放弃固定汇率，本币对美元较大幅度地贬值，由此引发的连锁反应包括外资撤离、股市楼市泡沫破灭以及实体经济跌入衰退期。这些经济体的汇率政策成为触发其经济拐点的最直接的原因。

知预期之力

经济拐点的出现有其基本面的因素（科技变化这个基本面尤为重要，当然还有人口结构和制度演变这类因素），也有政策面的因素（货币政策和汇率政策尤为重要）。基本面因素的变化相对缓慢，是量变到质变的过程。政策面因素的变化则相对激烈，往往是导致经济出现拐点的直接原因。无论是基本面因素的量变导致质变，还是政策面因素触发拐点的出现，预期在这个过程中扮演着至关重要的角色。可以说，经济拐点的出现一定伴随着相关预期形成后的突变。

预期所扮演的角色被宏观经济学的开创者凯恩斯称为“动物精神”。传统上认为“动物精神”指的是人们在作投资等决策时的非理性行为，但从最新的建立在预期概念上的宏观经济学来看，“动物精神”应该理解为被预期驱动的理性行为。当基本面或政策面因素触发某个临界点，某些“先知先觉者”就会开始抛售股票，这时其他投资者的理性选择就是跟随他们抛售股票。一旦股票即将下跌这一预期在市场上得以形成和确立，那么股市的狂跌就会成为事实，而对股票的疯狂抛售看似是动物本能的冲动，实际上它所体现的是预期的作用，其本质是经济人理性的选择。

前文曾提到，预期成为宏观经济分析中最关键的一个变量，是归功于20世纪70年代卢卡斯等经济学家所倡导的理性预期革命。如果把凯恩斯的“动物精神”理解为预期，那么凯恩斯并没有说明这种预期的内涵。而卢卡斯等理性预期学派经济学家则明确说明了预期的内涵，就是当事人将所有可获得的信息加以利用后所形成的预期。

当我们认识到预期对经济行为的作用后，我们就会深切地认识到在日本经济于20世纪90年代初出现拐点时预期所起的决定性的作用。日本经济在1950年后的三十多年实现了高速增长。在这个过程中，日元对美元的汇率却维持在360日元换1美元这个水平上基本没有变化。随着日本出口企业技术能力的提高，这个低估的日元汇率水平让日本出口企业获得了极大的国际竞争优势。在1985年9月的“广场协议”达成后，美元对日元和马克汇率大幅度下调，日元在1985年底升至200日元兑换1美元。由于日元升值，日本出口企业的盈利空间缩小，如果听任市场洗牌，那么一部分日本企业将倒闭。此时日本政府决定阻止市场洗牌，出手帮助企业应对严峻的日元升值压力。日本央行启动宽松的货币政策，通过降息为经济注入流动性。然而央行增发的货币没有注入实体经济，而是奔向股市和楼市，使得日本的资产价格泡沫迅速膨胀。此时日本央行又采取提升利率的货币政策企图为过热的经济降温。然而日本股价和房价已经积累巨大风险，一些投资者开始获利出场，对股价和地价即将暴跌的单边预期迅速形成，日本股市和楼市的泡沫即刻破灭。20世纪90年代初，由于资产价格泡沫的破灭，日本经济陷入了衰退。经济衰退并不可怕，因为它是市场经济周期的一部分，经济上涨和下跌的周期是经济规律。但是日本政府犯了一个致命性的错误，就是没有意识到预期的强大作用。日本央行在面对经济衰退时采取了降息政策，但却是渐进式的降息，每年的力度不大，因而对日本家庭的消费和日本企业的投资所产生的刺激作用甚微，以至于日本商品的价格进入了下降通道，也就是通货紧缩。让日本经济陷入长达20年经济衰退境地的正是对通货紧缩的预期。经济学告诉我们，投资决策是基于实际利率的，也就是剔除价格变化因素后的投资回报率。即使日本央行贷款的名义利率为零，但在通货紧缩率为3%时，企业借款的成本不是零，而是3%。假设一个日本企业借100万日元生产矿泉水，但矿泉水的售价一年后下降3%，那么这个企业需要多生产3%的矿泉水才能还上向银行借的100万日元。虽然不用向银行支付利息，但是企业的实际借款负担由于产品售价的下降而并不等于零。

正是因为日本央行错误的货币政策所带来的血淋淋的教训，在2008年全球经济陷入空前危机时，各国央行都很明确，就是必须消除通货紧缩预期以避免日本式的长期经济萧条。这就是所谓的量化宽松货币政策被世界各国主要央行使用的原因。作为毕生研究1929—1933年大萧条的经济学家，时任美联储主席的本·伯南克（Ben Bernanke）采取了“休克疗法”，首先是将美国基准利率一步到位降到0%～0.25%的最低区间，然后又在零利率的情况下继续大量印钞购买市场上的金融资产（包括政府债券、公司债券和家庭房贷债），其目的就是让市场相信，在货币如此泛滥的情况下，通货紧缩不会发生。传统的宏观经济学理论认为，当名义利率降到零后，因为不再有下降的空间，所以增发货币不会降低企业和家庭的借款负担，因而也不会对实体经济有任何作用，此时经济会陷入凯恩斯所称的“流动性陷阱”。日本经济长达20年的萧条正是陷入了流动性陷阱。而破解流动性陷阱的方法就是激进的量化宽松货币政策。前面已经说过，投资决策的基点是实际利率，即名义利率扣除通货膨胀率。在日本经济失去的20年，由于形成了通缩预期，所以实际利率为正。而激进的量化宽松政策力图让市场形成通胀预期，从而降低实际利率（等于零名义利率减去预期通胀率）。除了像美联储那样推出量化宽松货币政策之外，日本央行和欧洲央行还将名义利率降到零以下，也就是采取负利率政策。负利率不是针对家庭和个人的，因为如果将钱存在商业银行不但得不到利息还要倒贴钱，那谁还会将钱存入银行呢！日本央行和欧洲央行的负利率政策是针对商业银行的，它们会将准备金放在央行，也会在银行间市场相互借贷。央行的负利率实际上是一种收费，其目的是增加商业银行持有大量超额准备金而不把这些钱向企业放贷的成本。无论是量化宽松政策还是负利率政策，其对实体经济的刺激作用是有限的，但这些政策的意图主要并不在于刺激实体经济，而是希望促使市场形成通胀预期，至少是降低市场形成通缩预期的可能性。

第4章

如何学以致用

运用宏观经济学，数据（第1章）和理论（第2章和第3章）是必需的，但还不够。要做到用所学到的宏观经济知识来指导现实生活中的决策，还需要将这些知识融会贯通和活学活用。本章介绍活用宏观经济学的四个招数。

由面及点

宏观经济关系错综复杂，存在很多点（局部），这些点又构成面（整体）。所谓牵一发而动全身，要想在某个点上有所作为，首先需要知道这个点与整个面的关系，这就是本节所讨论的由面及点的招数。

先举一个人民币无风险套利的例子。假定有一个中国企业签订了一个进口合同，根据合同，该企业在2010年7月9日需支付进口款100万美元。从中国外汇管理局网站可以查到，2010年7月9日的人民币即期汇率为S = 6.775 3元/美元。该企业先去中国建设银行（简称建行）存款人民币677.53万元，以此作为保证金，从建行贷款100万美元用于支付进口款。假设美元借款利率为1%，该公司一年后须还建行101万美元，这个美元还款成本是确定的，但是一年后的101万美元等于多少人民币是不确定的，它取决于一年后的人民币美元即期汇率。

但市场上有人民币美元远期合约。网上搜索一下可获得建行的远期结售汇汇率，2010年7月9日的一年期远期汇率为$F=6.6853$。该公司可以和建行签一个一年期的远期合约，约定一年后买入101万美元。按照$F=6.6853$这个远期汇率，该公司当天就可以锁定101万美元的人民币成本，即$101\times6.6853=675$万元人民币。经过上面的操作，该公司一年后用675万人民币换101万美元用于归还建行的美元贷款的本息，而在建行所存的677.53万元，按人民币存款利率2%来计算，连本带利一年后为691万元人民币。由此可算出无风险套利的收益为16万元（=691万－675万），折算成收益率为

$$\frac{691-675}{675}=2.37\%$$

请注意上述整个过程中该企业没有承担任何风险，利率是确定的，远期汇率也是确定的。一年后的即期汇率是不确定的，但这个操作过程避开了一年后的即期汇率。

现在要问：我们如何能从纷繁复杂的经济中发现这个无

风险套利机会呢？答案是：我们首先需要掌握汇率和利率的知识以及两者之间的关系，这就是所谓的“面”。连接汇率和利率的关系称为平价关系。这部分内容的理论性较强，所以本书将此列为“理论专题”，经济学基础较浅的读者可以跳过这个专题部分，并不影响对本章内容的学习。

【理论专题】平价关系

国际宏观经济学（又称国际金融学）中有五个平价关系。所谓平价，指的是若干经济变量在均衡条件下相等的基准状态。图4-1给出了这五个平价关系，分别是：①相对购买力平价（relative purchasing power parity，RPPP）；②未抛补利率平价（uncovered interest rate parity，UIP）；③抛补利率平价（covered interest rate parity，CIP）；④国际费雪效应（international fisher effect，IFE）；⑤无偏远期汇率假说（unbiased forward rate hypothesis，UFRH）。对这些平价关系有兴趣的读者可以找一本国际金融教科书从中找到对它们的介绍[1]。

---

[1] 例如：戴维·艾特曼，等.跨国金融与财务［M］.第13版.朱孟楠，译.北京：电子工业出版社，2015.

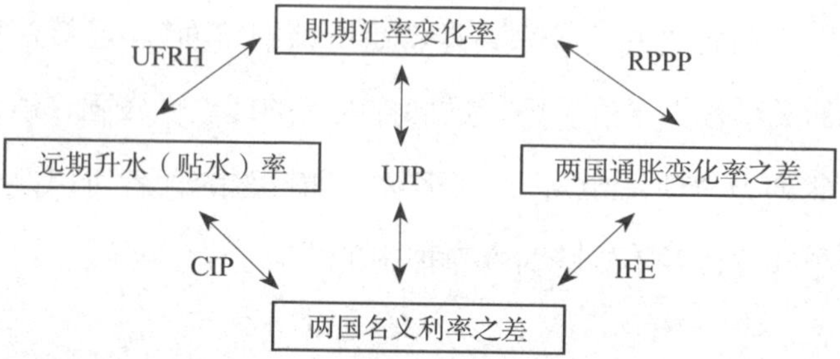

图4-1 国际金融学中五个平价关系

我们以抛补利率平价（CIP）为例来说明“由面到点”的招数。抛补利率平价是指在国际资本完全自由流动的情况下，对两种不同货币的无风险投资不会有任何套利利润这一均衡现象。假定投资者有100万欧元，如果欧元标价的无风险资产（如货币市场基金）的年回报率是2%（$i_{EU}=2\%$），那么一年后连本带利会获得102万欧元。投资者也可以先将100万欧元换成美元，如果即期汇率是1欧元兑1.48美元（$S=1.48$），那么100万欧元可以换成148万美元。如果美元标价的无风险资产的年回报率是1%（$i_{US}=1\%$），那么148万美元一年后连本带利是149.48万美元。这个一年后的美元收益，在今天就可以锁定为欧元收益，因为金融市场提供远期合约。假定一年期欧元换美元的远期汇率为F美元/欧元，那么投资者今天就可以和银行签一份远期合约，锁定一年后的美元收益（149.48万美元）的欧元值，即$\frac{149.48}{F}$万欧元。如前面所说，100万欧元的直接投资于无风险欧元资产的收益是102万欧元，而这里通过投资于无风险美元资本的收益为$\frac{149.48}{F}$万欧元。因为这两个投资过程全程无风险，所以两者的收益应该完全相等，即$102=\frac{149.48}{F}$，由此可以计算出$F = 1.465\,5$美元/欧元。对于美元和欧元这两种货币，资本在美元资产和欧元资产之间的流动不存在任何障碍，所以欧元对美元的一年期远期汇率必须等于1.465 5美元/欧元。只有$F = 1.465\,5$，才不会存在无风险套利的空间。如果远期汇率不等于1.465 5，那就意味着投资者可以获得无风险套利收益，这在美元和欧元资本完全自由流动的情况下是不可能发生的。这就是抛补利率平价，投资1欧元于欧元资产获得（$1 + i_{EU}$）欧元，1欧元换成S美元投资于美元资产获得S（$1 + i_{US}$）美元，通过在远期外汇市场锁定S（$1 + i_{US}$）美元的欧元价值可获得$\frac{S(1+i_{US})}{F}$欧元。抛补利率平价成立时，

$$(1+i_{EU}) = \frac{S}{F}(1+i_{US})$$

也就是

$$\frac{F-S}{S}=\frac{i_{US}-i_{EU}}{1+i_{EU}}$$

通常 i_{EU} 的数值较小，所以这个式子可以简约地写成：

$$\frac{F-S}{S}=i_{US}-i_{EU}$$

上式的左边是欧元的升水（贴水）率，而右边是美元利率和欧元利率之差。抛补利率平价告诉我们，当欧元利率（$i_{EU}=2\%$）高于美元利率（$i_{US}=1\%$）时，欧元对美元一定是远期贴水，也就是远期外汇市场看跌欧元，而且欧元的远期贴水率为1%。简单而言，当抛补利率平价成立时，如果投资者在利率上占了便宜（$i_{EU}-i_{US}=1\%>0$），那么在汇率上一定会是吃亏（$\frac{F-S}{S}=-1\%<0$），而且盈亏相等，没有任何无风险套利的空间。

理论专题所得出的结论是：当抛补利率平价成立时，无风险套利空间为零。在理解了这个均衡基准后，我们就能设法找出市场不均衡时的获利方法。什么样的货币会处于市场不均衡（即平价关系不成立）的状态？那就是存在资本管制的货币，如人民币。

在前面的例子中，2010年7月9日的人民币即期汇率为$S = 6.7753$元/美元，一年期远期汇率为$F = 6.6853$。由此可计算出当天美元对人民币的一年期远期贴水率为

$$\frac{F-S}{S}=\frac{6.6853-6.7753}{6.7753}=-1.33\%$$

在网上搜索一下即可获知，以中国一年期央票利率与LIBOR（伦敦银行同业拆放利率）的美元一年期利率之差来衡量，2010年的中美一年期利差约为1%，由此可得：

$$i_{中国}-i_{美国}=1\%$$

由以上描述可知，在2010年7月9日后的一年内，人民币资产的收益率高于美元资产的收益率（$i_{中国}>i_{美国}$），同时人民币对美元又有远期升水。这样的话在人民币和美元资产之间就存在无风险套利空间。前面我们已经计算了无风险套利收益率为2.31%，这个收益率是从哪里来的？第一个来源是1%的中美利差；第二个来源是人民币对美元的1.33%的升水率。两者合计所得的收益率为2.33%（= 1% + 1.33%）[1]。

本节的启示是：如果想要运用宏观经济学做投资决策，

[1] 两种计算方法所获结果分别为2.37%和2.33%，它们之间的差异源于简约公式和小数点的四舍五入。

理解和掌握整个市场均衡状态这个面非常重要。市场均衡是经济学家所定义的基准状态，就像理性经济人和理性预期是经济学家所定义的基准状态一样。现实世界中人们的预期自然会偏离理性基准，而理解这个偏差有助于认识某些人群在某些特定时刻的行为。同样，现实世界中市场也会偏离均衡这个基准状态，而理解对市场均衡的偏离有助于投资获利。本节的例子表明，当资本管制政策阻碍了跨境资本流动，由此造成偏离均衡基准（平价条件）的状态，赚钱的机会就出来了。如果你理解了平价均衡这个面，就能抓住偏离均衡这个点来获利。

声东击西

前面一节所讲述的，是如何从某个偏离市场均衡的状况中找出获利的空间。在全球金融市场上，宏观对冲基金就是基于对市场偏离均衡状态的认识和把握来攫取高额收益的。宏观对冲基金界最有名的大佬当属索罗斯，他的成名战是在1992年狙击英镑获利10亿美元。当时欧洲国家还没有创建欧元，而是建立了欧洲货币体系（European Monetary System，EMS），各国货币之间的汇率固定。从利率平价可知，在资本跨境流动不受限制的情况下，固定汇率意味着成员国之间的利差必须是零，也就是各国的利率必须相等，否则就有无风险套利空间。

这个均衡状态在1992年受到了两德统一这一事件的冲击。为了重建原民主德国地区，德国采取了扩张性的财政政策。同时为了减少扩张性财政政策所带来的通胀效应，德国采取了紧缩性的货币政策，将德国的利率提高到10%以上。当时英国经济很不景气，但若要维持英镑对马克的固定汇率，英国就必须将利率也提高到10%以上。索罗斯敏锐地嗅到了商机，即英镑对马克的固定汇率即将脱钩，脱钩后英镑将大幅贬值。基于这一判断，索罗斯的量子基金在1992年巨量卖空英镑，也就是签订大量的卖出英镑的远期合约。为了促成英镑贬值，索罗斯用各种手法借得大量英镑在市场上狂抛，迫使英国央行动用外汇储备来保卫英镑汇率。但英国央行拥有的外汇储备数量有限，经不起索罗斯等的进攻，很快就败下阵来，在1992年9月16日宣布英镑退出欧洲货币体系，史称“黑色星期三”。“一朝被蛇咬，十年怕井绳”，欧元区于1999年1月1日成立至今，已有19个欧洲国家加入，而英国对1992年的痛苦经历仍然念念不忘，再也不愿加入欧洲国家的货币联盟了。

在1997年亚洲金融危机爆发后，国际宏观对冲基金运用了相同的方法一路获胜，通过卖空泰铢、菲律宾比索、印度尼西亚盾、马来西亚令吉和新台币等亚洲货币，迫使这些国家或地区放弃钉住美元的固定汇率制而转为浮动汇率制，这些货币的大幅贬值让索罗斯等宏观对冲基金赚得盆满钵满。

此时港币成为下一个被攻击的货币。香港地区实行的是联系汇率制，港币钉住美元，汇率固定在7.8港元兑1美元的水平附近。香港地区和其他亚洲经济体很不同，根据香港金管局的数据，1997年12月底香港拥有928亿美元的外汇储备，仅次于日本的2 080亿美元和中国大陆的1 280亿美元，位居世界第三。当索罗斯卖空港币，然后用各种手段借得巨量港币在市场上抛售时，香港金管局动用外汇储备买进港币，力保港币联系汇率不破。此时市场上港币利率一路飙升，隔夜拆借利率高达300%，极大地提高了对冲基金获取港币的成本。但索罗斯等不为所动，继续进攻港币。

本书的读者对理性预期这个概念应该已经有所理解。理性预期就是运用所有可获信息所作出的预期。我们在这里所描述的信息，例如，香港地区与内地拥有超过2 000亿美元的外汇储备，索罗斯不会不知道。既然知道很难攻下港币，索罗斯为什么还要拼死力去进攻港币呢？因为这是“声东击西”之策。

在本节中，我们想重点讨论的是如何运用市场之间的联系来获利。前一节讲的是一个面（外汇市场均衡）中的一个点

（对外汇市场均衡的偏离）；本节讲的是多个面（外汇市场、债券市场、股票市场）之间相互关联中的获利机会。

以1997—1998年的香港地区为例。当港币受攻击时，保卫港币必然导致利率的飙升，而利率的飙升使得债券变得很便宜，钱就会流出股市奔向债市，这会导致香港股市的暴跌。索罗斯们对汇市债市股市之间的这层关系了如指掌，所以采取了声东击西的手法，对汇市进行了佯攻，其意在获利的战场不是汇市，而是股市。在1997年10月前，索罗斯等利用恒生指数在高位的机会大量签订卖出恒生指数的合约（如股指期货）。当对港元的佯攻导致利率飙升后，恒生指数（简称恒指）开始暴跌，从1997年8月的16 000多点跌到1998年8月13日的6 600点。此时索罗斯们之前卖空恒生指数的空单就大赚特赚了。索罗斯可以在恒指6 600点时从市场上低价买进恒指，来交割他在恒指高于1万点时签下的卖出恒指的远期合约。

索罗斯的这个声东击西的方法并不是无风险套利，其风险在于恒指是不是会如愿下跌。索罗斯认定了刚刚回归中国的香港不会冒政治风险去干预股市。这个判断被证明是错误的。1998年8月4日，香港特区政府开始用巨额资金（称为平准基金）购买大量的恒指成分股，到8月24日已将恒指从8月13日的6 610点推高至8月24日的7 820点。据称国际炒家的大量卖空合约的点位是7 500点，因此，香港特区政府干预股市将恒指维持在7 800点以上，使得做空恒指的国际炒家遭遇巨亏，索罗斯败走麦城[1]。

本节用1997—1998年索罗斯和香港特区政府的博弈来说明市场联系对投资决策的重要性。索罗斯基于汇市债市股市之间的联系，运用佯攻汇市实攻股市的声东击西的方法企图获利，而这个方法被港府识破并且在中国政府的支持下干预股市，一举击败索罗斯等国际炒家，成为国际金融史上的一个经典案例。

慢守快攻

本书第2章讨论了如何判断宏观经济趋势，第3章讨论了如何识别宏观经济趋势的反转即所谓的拐点。那么如何将对趋势和拐点的判断在实践中予以应用呢？这里我总结出四字要诀，那就是“慢守、快攻”。

本书第2章提到了美国劳工部对美国经济在1948—2007年这60年的经济增长源泉的研究，该研究发现美国经济拥

---

[1] 参见《1998年香港是如何救市的》，澎湃新闻（www.thepaper.cn），2015年7月6日。

有长期可持续增长的动力，即全要素生产率（total factor productivity，TFP）的持续提高。尽管美国经济逃脱不了周期性的上下波动，在历史上某些时段美国经济的跌幅很深（如1929—1933年的大萧条），但美国的创新能力（包括技术创新以及制度与政策创新）使得美国经济在过去的100多年保持着年均3.5%的实际GDP的增长趋势。如果投资者相信美国经济在未来能够保持这个趋势，那么就应该投资美国股票并长期持有，这就是所谓的“慢守”。

巴菲特就是对美国经济能够长期持续增长这一趋势的信徒。他有一句名言，英文是Never bet against America，翻译过来就是永远不要和美国对赌。巴菲特的投资策略就是选择他认为有长期增长潜力的美国蓝筹股（如美国运通、可口可乐等股票）。对于普通老百姓，巴菲特建议购买美股指数基金。在2007年，巴菲特设下了一个“十年赌约”，以50万美元为赌注，挑战基金经理们，如果谁敢接受挑战，那么就用10年的投资回报和标普500指数（即用美国500个大盘蓝筹股构建的指数）来比较。如果基金经理的10年回报高于标普500指数的10年增幅，那么基金经理赢；如果标普500指数的10年增长率更高，那么巴菲特赢。10年后的2017年，在写给股东的信中，巴菲特发布了结果。标普500指数在这10年中的平均回报率为8.5%，而与其对赌的五个基金经理的回报率分别是2.0%、3.6%、6.5%、0.3%和2.4%（见表4–1）。

表4–1 对赌的五个基金经理与标普500指数的10年回报率

年 份	基金A	基金B	基金C	基金D	基金E	标普500指数
2008	−16.5%	−22.3%	−21.3%	−29.3%	−30.1%	−37.0%
2009	11.3%	14.5%	21.4%	16.5%	16.8%	26.6%
2010	5.9%	6.8%	13.3%	4.9%	11.9%	15.1%
2011	−6.3%	−1.3%	5.9%	−6.3%	−2.8%	2.1%
2012	3.4%	9.6%	5.7%	6.2%	9.1%	16.0%
2013	10.5%	15.2%	8.8%	14.2%	14.4%	32.3%
2014	4.7%	4.0%	18.9%	0.7%	−2.1%	13.6%
2015	1.6%	2.5%	5.4%	1.4%	−5.0%	1.4%
2016	−3.2%	1.9%	−1.7%	2.5%	4.4%	11.9%
2017	12.2%	10.6%	15.6%	N/A	18.0%	21.8%
10年回报率	21.7%	42.3%	87.7%	2.8%	27.0%	125.8%
年均回报率	2.0%	3.6%	6.5%	0.3%	2.4%	8.5%

我在美国佛罗里达大学当教授时，选择了一家以指数基金闻名的公司，将我的投资资金的1/3投在标普500指数基金（大盘蓝筹股），1/3投在由400只左右中盘股所构建的中盘股指数基金，1/3投在由1 400只左右小盘股所构建的小盘股指数基金。查了一下该公司的网站（写作本节的时间是2019年7月

9日），其标普500指数基金是1976年8月31日成立的，从成立日至今的年均收益率为11.03%。其中盘股指数基金是1998年5月21日成立的，从成立日至今的年均收益率为9.75%。其小盘股指数基金是1960年10月3日成立的，从成立日至今的年均收益率为10.60%。如果一个投资者能够坚持投资美股指数基金并且长期持有（“慢守”），那么这个投资者所获得的投资回报将超过99%的职业投资人。这就是相信长期趋势的回报。

在投资界有一句名言：“会买的是徒弟，会卖的是师傅。”能够认识到像美国蓝筹股这样的有实体经济长期可持续增长所支持的投资标的，那么“慢守”这类股票就能得到很好的回报。但是像标普500指数基金这样的投资标的毕竟很少，很多美国之外的普通投资者可能没有渠道或者需要支付很高的手续费才能投资标普500指数基金。尤其是在新兴经济体的股市，有基本面支持的可以长期持有的股票少之又少，这时所谓的“择时”就变得很有必要。对于和宏观经济趋势密切相关的股票，择时就是基于本书第3章关于识别拐点的方法所作出的决策。投资者必须认识到，没有人能够计算出拐点出现的准确时点，若是能够推测某个时间段可能出现拐点就已经是高手了。如果你推测拐点将在未来某个时间段出现，那么你需要快速出手，也就是所谓的“快攻”，不能犹豫等候。很少有人天生具有对拐点可能出现的嗅觉，要想拥有这种嗅觉，你需要每时每刻关注全球和区域的政经新闻，需要长期不懈地累积才能培养出这种嗅觉。很多人认为巴菲特赢在长期投资，其实巴菲特更赢在择时。巴菲特建议普通投资者不要择时，也不要相信99%的基金经理们的择时能力，但巴菲特自己属于那1%有择时能力的基金经理，所以他建议别人不要择时和他自己择时之间是不矛盾的。巴菲特从2002年开始投资中石油，买入约1%的中石油股份。据巴菲特自己说："在中石油的投资上我从未询问过第三方的意见。我读完财报后认为中石油至少值1 000亿美元，然后回头去查股价，发现它的市值只有350亿美元。”读完财报，巴菲特立即出手并多年持有，看似本节所说的“慢守”。

但巴菲特更厉害的是会“快卖”。2007年，巴菲特清仓中石油股票。当时石油价格仍在飞涨，中石油的前景仍被看好，但巴菲特已经嗅到血腥味。他并不知道石油价格和中石油股价会在什么时间点掉头向下，他大概也不会预知2008年全球将迎来大萧条后最大的一次经济金融危机，但他一定对这一天即将到来有所感知。除了巴菲特外，一定还有具有这个感知的投资者，但巴菲特的过人之处在于他的迅速出手，毫不为别人的讥讽所动。事实一次次证明巴菲特卓越的“慢守、快攻”能力。

概率胜出

对于经济学的任何实战应用，读者必须树立一个正确的思想定位，那就是所有的判断都是概率判断，也就是说是在一定概率（可能性）的意义上才成立。所谓“股神”，并不是每战必胜，百发百中，而是在一个较长的时间段内，其股票投资成功的案例多于失败的案例，总体成功概率较高。概率思维是一个现代人的基本素质，其重要性首先在于它确定了判断事件发展前景的基点，同时还在于它保证决策者拥有一个良好的心态。只有能接受失败，才能走向成功。所谓胜不骄败不馁，讲的就是这个良好的心态。以股神巴菲特为例，网上有很多对巴菲特投资失败案例的讨论，也有巴菲特自己对投资失败案例的检讨。例如，巴菲特在21世纪的头10年大量买入英国第一大零售商乐购公司的股票，其基本判断是乐购类似沃尔玛，是一只值得长期持有的蓝筹股。但正如本书之前所讨论的，趋势可能出现拐点，而乐购管理层的一系列错误决策是巴菲特事先不可能预见到的。巴菲特自己对乐购投资失败案的检讨并不是投资方向出了错，而是当他在2013年发现乐购管理层的决策错误时只抛售了部分乐购股票，而不是立即清仓，致使在2014年乐购股票大跌时其基金损失惨重。所以即使神如巴菲特，“慢守”容易做到，而“快出”并不容易做到。

然而无论巴菲特曾经有过多少次马失前蹄的投资失败经历，他仍是毫无争议的股神，因为他的投资成功案例远远超过投资失败案例。据“步步高陈的博客”在2017年7月13日所发的一篇博文[1]，1957—1964年，巴菲特的年化投资收益率为28%；1965—1984年，年化投资收益率为22%；1985—2004年，年化投资收益率为22%；2005—2009年，年化收益率为10.6%。巴菲特的投资生涯，以1965—2009年的45年来计算，年化投资收益率高达20.5%！在这45年中，巴菲特在2001年的投资回报率为-6.2%，在2008年的投资回报率为-9.6%，也就这两年是负回报，其余43年都是正回报，而最高的年回报率没有超过50%。什么是价值投资？什么是概率胜出？这就是。

[1] http://blog.sina.com.cn/s/blog_6109ef710102x6dv.html.

第5章

分析案例实录

本章实录了笔者近年对股市、人民币汇率、楼市和财富积累、中美贸易战以及中国经济未来走势所发表的观点，意在与读者分享本人在现实生活中应用本书所介绍的宏观经济学概念和分析方法的若干体会。

对中国股市走势的分析

2015年4月22日演讲内容实录[1]：

2015年，中国还是主要依靠扩张性的财政政策来保增长，包括基础设施建设和减税。但是不可能再依靠刺激房地产需求来保增长了，只能加大铁路、水利投资，去年完成8 000亿元，今年的目标是高一倍，达到1.6万亿元。

大家可能觉得货币政策更加有意思，时隔7年，央行再次降准1%。我认为，还会降好几次，过两三个月会有一次，再过两三个月再有一次，起码降下来2～3个百分点。市场可能会将降准解释为“刺激”。我认为这是个误读，因为我们现在的经济增长模型已经转变了，出口不行了，外汇少了，外汇占款少

---

[1] 演讲内容见：https://wenku.baidu.com/view/eb59f8c6336c1eb91a375dab.html.

了，基础货币就少了，所以才要降准。现在的货币政策是适应外汇占款下降的被动扩张。但是老百姓不懂这个，投行是懂的。

老百姓看到降准就认为是放水，股市是个心理效应。实体经济不乐观，股市上到3 500点是补原来的债，因为中国经济只到2 000点不对，前面四五年增长这么多；但是再往上走就是透支未来，4 500点再朝上面走就是疯狂了，但是年纪轻的股民不了解这一波，现在还是朝里面冲。

对于现在的股市，我的建议是新的钱不要进去，因为到4 200点、4 300点已经有点匪夷所思，当然各种券商还在忽悠大家说有6 000点在那里。我认为，已经进去的人，还要守一段时间；但是没有进去的人现在再进去，风险实在太大，可能就成为击鼓传花的最后一波人。

2016年1月6日接受采访时的观点实录[1]：

2015年的股市大起大落，表面看比较出人意料，但实际上是在情理之中。因为一旦实体经济不好，就会有放松银根的政策，会出现降低准备金率、降低利率的行为，以此增加流动性。政府的本意是让这些钱流到实体经济去，但因为实体经济情况不好，钱反而都流进了股市。而允许借钱炒股的口子一开，杠

[1] 报道全文见：http://news.hexun.com/2016-01-06/181626165.html.

杆工具就被过度使用，导致股市一路冲到5 000多点。股市走得太快，背离了基本面，又抽了实体经济的血，其下跌不可避免。

2017年4月10日接受采访时的观点实录[1]：

中国的股市在2015年经历了一次市场化的洗礼，这样的一场洗礼对中国资本市场的成长非常重要。

实际上任何经济体都经受过类似的洗礼。中国有过股指从6 000点跌下来的经历，但是那次还不是完整的市场化洗礼，因为那时还没人借钱炒股。2015年的股市风波从深度和广度来说，都是中国股市创建以来之最。

在我看来，政策也应从这次的股灾中汲取教训，金融市场还是让市场来起决定性作用为好。这个政策主要是防止系统性风险，而不是要托底，托底的做法实际上是得不偿失的，用了很多行政手段，消耗了很多货币，只是在为一些疯狂炒作的投机者买单，让他们能够解套。

所以，我觉得2015年的这场股灾让中国股民经历了一次市场洗礼，让中国资本市场的监管者也经历了一次市场性的洗礼，这是有积极意义的。这里重要的不是去看短期的政策得失，而是要看长期的政策思维导向是否正确。你把长期的政策思维

---

❶ 采访全文见：http://finance.people.com.cn/n1/2017/0410/c1004-29199992.html.

导向搞对了，就可以避免以后一而再再而三的类似情况的发生。

2017年股市会处于一个相对平稳的状态。有句话，世上没有新事。所以我们要做的是不要在同一个地方多次犯错。

2016年证监会作了一些调整，更多地将心沉下来，让股市相对比较稳定地走。股市本身就是由市场决定的，政府要做的是防止系统性风险，保障中小投资者的利益，但不是说给投机者买单。

我估计2017年的股市会是相对平稳的，不会大起大落。主要的原因在于，今年的政策有了一个转向，从保增长为第一，到防风险和促改革为第一，尤其是货币政策趋向中性偏紧。房市稳定靠的是货币存量留在房市，而股市较多地取决于货币流量，在流动性较紧的情况下，股市很难有大幅上涨的可能。

2018年4月27日接受采访时的观点实录[1]：

股市有风险，对散户而言尤其如此。个人的建议是对股市保持谨慎，最好保持一定距离。

过去10年，巨量资金的流向主要是楼市，股市没能成为沉淀货币的蓄水池，原因在于人们对股市的信心不足。

2013年，政府提出了“让市场在资源配置中起决定性作

[1] 采访全文见：http://news.hexun.com/2018-04-27/192918753.html.

用”，使投资者对股市产生了憧憬。当时我曾推测股市会在2015年迎来一波上涨行情。虽然股市确实从2014年末开始上涨，但短期涨幅远高于正常速度，暴涨后迅速暴跌，极大地打击了人们对股市未来的信心。

A股被正式纳入MSCI（摩根士丹利资本国际公司）指数时，很多股民认为股市迎来了利好，但股市并没有因此而有所起色。当前受中美贸易摩擦等利空因素的影响，股市更是跌跌不休。虽然偶有反弹，但我认为这种反弹并不可靠。

中国股市以普通散户为主，他们没有资金实力去投资房产这样的高门槛资产。或出于资产保值增值的需要，或出于赌博心理，普通百姓的资金很多进入了股市。但股市整体上是一个零和博弈市场，散户把握结构性机会的能力远不及机构，只能沦为牺牲品，被“割韭菜”。

对人民币汇率走势的分析

2016年1月6日接受采访时的观点实录[1]：

2015年的金融领域，影响最为深远的是围绕人民币的国

[1] 采访全文见：http://news.hexun.com/2018-04-27/192918753.html.

际博弈。2015年年中，国际货币基金组织（IMF）在五年一次的关于特别提款权（special drawing rights，SDR）篮子的审核中对人民币是否能入篮议而不决。出乎所有人预料的是，中国人民银行（央行）在8月初推出人民币汇率定价机制改革，人民币对美元的汇率连续三天贬值了5%，对全球金融市场造成非常大的震动。人民币贬值及对其进一步贬值的预期，引发资本大量外流。而央行不惜代价用外汇储备去挺汇率，使得外汇储备存量一下子减少了几千亿美元。11月30日，IMF通过人民币入篮的决议，人民币将从2016年10月1日起成为SDR篮子的第五种货币。然而国际上对人民币汇率的贬值预期并没有因此消退，资本外流仍在继续。

2017年4月10日接受采访时的观点实录[1]：

从2015年8月11日（即811汇改）以来，人民币确实出现了一波较快的对美元的贬值，一个原因是美元本身升值较快，而中国经济发展至今，人民币的升值趋势走到了一个拐点，出现了贬值的倾向，虽说美元的快速升值是人民币贬值的重要原因，但也不是说人民币本身没有贬值的趋势。

2017年是一个关键点，对中国经济来说，要保证沉淀在

---

[1] 采访全文见：http://finance.people.com.cn/n1/2017/0410/c1004-29199992.html.

房地产市场的人民币不会过多地流出来兑换成美元，这取决于几个重要因素，一是美元还会不会持续上涨，现在看来，这个趋势在特朗普执政的第一年会受到抑制，特朗普希望刺激美国经济，他不想让美元升值那么快。还有另外一个因素，美国是政府管财政政策，美联储管货币政策，货币政策是由耶伦领导的美联储决定的，她的计划是今年加息3次，一是因为美国经济本身现在增长得较好，通货膨胀的预期有了；二是特朗普声称要采用政府投资基本建设这样一个扩张性的财政政策，它也会造成通货膨胀的压力。

综合考虑以上几个方面，美国的货币政策会从紧，货币政策从紧会让美元有上升趋势，而特朗普又会设法阻止美元升值，所以现在不好判断美元是会像目前这样缓慢地变化甚至下跌，还是会像去年那样较快地上升。

如果说美元快速升值，那么人民币贬值的压力就会很大，资本外流的压力也会很大，这时就不得不采取一些资本管制的手段，一方面做资本管制，一方面是容忍人民币对美元的汇率跌得多一点。对中国比较好的情形就是美元不大涨。即使美元不大涨，中国也应该想办法让人民币对美元贬一点，为规避未来美元升值的风险创造一些空间。

我对汇率和资本这一块的总体看法是，人民币汇率仍有一个贬值趋势，至于贬多少还是要取决于美元是升是贬以及变化幅度，美元的升值幅度取决于特朗普和耶伦所主导的美国宏观政策导向。

这是一个我们还需要随着时间去判断的问题，不能今天就给出一个确切的数字，因为现在不存在这样一个基础来判断贬多少或者应该贬多少，现在还没有足够的信息来作这个判断。

中国的资本是不是会流出去，其实就是取决于两个条件，第一个是中美的利差是否大于预期的汇率贬值率。举例来说，如果在中国用人民币投资可以获得的相对安全的回报，例如，理财产品6%的年化收益率，而在美国用美元投资的回报连1%都不到，那么也就是说中美的利差为5%，那么只要人民币汇率贬值的预期小于5%，理性的投资者就不会把人民币换成美元。这里还有第二个条件。尽管利差很重要，但如果人们对汇率贬值有恐慌情绪，那么就不会去管这个利差了，资本外流就会发生。所以说防止汇率会大幅贬值的恐慌情绪的蔓延，是规避资本外流风险的必要手段。

目前来说，我认为中国政府还是做得很好的，通过舆论导向，通过不改变5万美元额度的政策，来稳定绝大多数中国老百姓兑换美元的意向。毕竟中国老百姓对美国市场是不熟悉的，即使换成美元，放在国内银行的美元账户里收益率也是非常低的，所以目前资本外流规模得到了控制。

2018年4月27日演讲观点实录[1]：

人民币汇率是大家现在非常关心的问题。在我看来，2018年境内人民币对美元汇率破7的概率较小，明后年的人民币汇率走势则尚待观察，但中期人民币仍有贬值空间。

过去若干年，人民币的升值与贬值和美元指数的走势存在一种微妙的关系：当美元指数下降，也就是美元对其他货币整体贬值时，人民币对美元会升值，但升值的幅度小于美元整体贬值的幅度；反之，美元整体升值时人民币会贬值，但贬值的幅度小于美元整体升值的幅度。

美元指数和人民币汇率的这个关系持续到了今年6月中旬。用4月16日—6月15日的美元指数和人民币对美元汇率中间价的数据，我估计出了这段时间内人民币汇率对美元指数的弹性为0.37。也就是说，美元指数每上升1%，人民币对美元仅贬值0.37%，人民币贬值幅度小于美元整体升值幅度。

不过，这种微妙关系在今年下半年发生了突变：人民币汇率开始对美元加速贬值。用5月2日—8月3日的数据所估计出的人民币汇率中间价对美元指数的弹性为1.96。换而言

---

[1] 演讲内容见：http://news.hexun.com/2018-04-27/192918753.html.

之，在近三个月，美元指数每上升1%，人民币对美元贬值达1.96%，人民币贬值幅度远远超过美元整体的升值幅度。

为什么今年下半年人民币对美元汇率会加速贬值？我认为这和中美贸易对峙形势的变化密切相关。在分析房价、股价和汇率之类的金融变量时，我有一个观点叫作“经济决定趋势，政治决定拐点”。房价、股价和汇率的升降最终是由经济因素决定的，该涨的总有一天会涨，该跌的总有一天会跌。但什么时间涨跌启动，靠观察经济因素很难判断，很多时候是政治事件决定了拐点。

2016年时，美元指数已经超涨，从经济因素来看应该会跌一波。但正是特朗普的意外当选和他对弱势美元的推崇使得美元指数掉头下跌，这也是人民币汇率在2017年由贬转升的主要原因。但进入2018年后，美国经济的超预期增长奠定了美元再次走强的基础，加之美国大幅调整了对外经济战略，国际经济形势发生了根本性的变化。

2018年4—6月，中美贸易关系处于协商阶段，因而中国对人民币贬值采取了克制的态度，表现在数据上就是人民币汇率对美元指数的弹性较小。但随着谈判无果，关税开征，中美贸易谈判在今年取得突破的可能性大大降低，因而人民币贬值的政治约束暂时消失了，中国采取了加速人民币贬值的策略，表现在数据上就是人民币汇率对美元指数的弹性较大。

我认为，人民币加速贬值是中国应对美国对华贸易政策的一揽子计划中的一部分，可一定程度上降低美国加征关税对中国出口的消极影响。

但是，人民币加速贬值的趋势在今后数月不太可能会持续，原因是人民币对美元的汇率有一个非常重要的心理关口"7"。前面提到，人民币贬值一旦形成预期，会导致资金加速外流，2015年下半年就曾发生过这一现象。如果年内境内人民币对美元汇率破7，将强化人民币贬值预期，这是与稳经济、稳汇率的政策基调相背离的。

所以，2018年境内人民币对美元汇率破7的概率较小，后面几个月人民币汇率对美元指数的弹性会减小。但从中期来看，由于中美利差的存在，人民币是有一定的贬值空间的。未来两三年的某些时间段内，人民币对美元的汇率很可能会破7。至于人民币汇率的长期走势，则要看中国经济的未来表现了。

2018年11月26日接受采访时的观点实录[1]：

2013年11月，我在中欧校友论坛上提出了几点猜测，其中一点是人民币即将由升转贬。这一判断同样是从对外汇市场

---

❶ 采访全文见：http://finance.sina.com/gb/experts/observe/sinacn/2018-11-26/doc-ixnfcnnk2813132.shtml.

上供需关系和市场预期的变化分析后得出的。

当时，用美元换人民币的需求已呈下降趋势，经常账户顺差不断缩小。同时，由于国内民众子女留学、出国旅游等活动日趋频繁，用人民币换美元的需求不断上升。再加上2008年全球金融危机后人民币发行量过大，人民币汇率下降是可预见的结果。

进入2014年，人民币对美元汇率果然开始掉头向下。人民币的贬值导致担心其进一步贬值的预期，因此资金开始大量外流。为了稳定汇率，央行使用外汇储备干预汇市，导致中国的外汇储备存量不断下降，从2014年4月底的4万亿美元，一度跌至2017年初的2.998万亿美元。这一现象引起了政府的高度重视，在2017年重拳出击，市场和行政手段并用，终于在很大程度上遏制了资本的外流势头。但是，要想从根本上扭转资本外流趋势已经变得很困难了。

人民币走弱是和美元走强密切相关的。如果2017年美元继续走强，那么当年人民币汇率破7是大概率事件。但是这并没有发生，因为来了黑天鹅事件——特朗普意外当选美国总统。特朗普的当选，造就了美元由上升掉头向下这一拐点的出现。

特朗普上任之后，大力推行弱势美元，美元自2017年初开始大跌。这一结果使得人民币对美元的汇率止跌回升，中国的外汇储备存量也在年初破3之后强势反弹。

当时有些学者认为，随着中国经济在2017年回暖，人民币汇率的回升得到基本面的支撑，会延续下去，但我认为这是一种误判。2017年4月，在中欧陆家嘴金融家沙龙上，我明确提出，人民币汇率的反弹，并不意味着中国经济的基本面发生了变化，而是美元价格相对低迷导致的。

同时我认为，随着美国经济复苏，美联储加息是不可逆转的趋势。一旦中美利差超过人民币对美元的预期贬值率，资本就会有继续外流的动力。所以，人民币应该抓住美元走弱的时机贬值，这样未来美元走强时，我们在汇率政策选择上会有更大的灵活性和可操作空间。

弱势美元留给了人民币近一年的调整期。进入2018年的3月22日，人民币汇率的"特朗普利好"结束，中美贸易对峙开始。

到了5月，中国希望用谈判结束对峙的希望落空。5月29日，特朗普决定对从中国进口的价值500亿美元的商品开征25%的关税。作为应对美国对华贸易政策突变的一揽子计划中的一部分，人民币汇率也开始发生了一些耐人寻味的变化。

今年下半年，人民币汇率开始对美元加速贬值。用5月2日—11月7日的数据所估计出的人民币汇率中间价对美元指数的弹性为2.28。换而言之，过去半年，美元指数每上升1%，人民币对美元贬值达2.28%，人民币贬值幅度远远超过美元对其他货币整体升值的幅度。

人民币2018年年内会破7吗？我认为不会。“7”是一个重要的心理关口。如果年内境内人民币对美元汇率破7，会强化人民币贬值预期，这和当前“稳汇率”的政策取向相悖。但是，进入2019年之后，人民币对美元的汇率很可能会破7。

中期来看，人民币汇率仍然具有贬值空间，不过年均贬值率大概率会低于5%；而长期的表现，则要取决于中国经济未来的基本面了。

对楼市走势和未来财富的分析

2018年4月27日演讲观点实录[1]：

历史经验告诉我们，在新时代面前，势必有一些新财富会被创造出来。

如果有人在过去十几年买了不止一套房子，那么恭喜你，你赚了，你是旧时代的赢家，虽然对国家来说这未必是一件好事。

---

[1] 演讲摘要见：http://master.10jqka.com.cn/20180510/c604387742.shtml.

在旧时代，中国经济的成功，依靠的是出口导向，这就要求汇率相对偏低；汇率偏低，就让我们得到了更多的外汇储备；得到更多的外汇储备就意味着更多的人民币被发行；这么多的人民币流向房地产，房地产价格能不高吗？

所以，在旧时代我们不得不以一个扭曲的方式获得中国经济的发展，但是今天这种模式已经走到了尽头。

靠泡沫致富的模式，未来是走不下去的。在新时代，想要创造财富，就要靠创新创业，搞点新的东西出来。而重质量、重品牌、重升级，无疑是非常好的一个方向。

2018年9月4日接受采访时的观点实录[1]：

对楼市我既不看好，也不看衰。未来可预期的时间内，某些城市的房价会小幅下降，但不会发生全国房价的整体同步下调，房价会因楼市维稳政策而进入横盘期。这一判断主要基于两个依据。

一方面，政府需要稳住房价，以预防系统性金融风险的发生。这么多年来，楼市沉淀了大量超发的货币。它就像一个堰塞湖，由于有资本管制这个堤坝，水没有流出去。最近的一次危机发生在2015年下半年，由于当时人们对人民币有强烈

---

❶ 采访全文见：http://finance.sina.com.cn/stock/hyyj/2018-09-04/doc-ihiqtcap0214916.shtml.

的贬值预期，大量资金从包括房地产在内的市场抽出，通过各种途径流到境外。虽然在政府的强力管制下，这一趋势最终被遏制，但教训深刻。预防资金从楼市外流，一个重要的前提就是要维持房价的稳定。房价如果跌幅过大，就可能引发系统性金融风险。所以，稳房价会是未来一段时间内楼市政策的主基调。

另一方面，经济要转向高质量发展，需要降低对房地产的依赖度。楼市对经济的拉动作用已经非常有限了。而且，大力发展房地产也有悖于政府制定的去库存、去杠杆、促进供给侧改革的中长期战略。所以，政府有很强的意志来实施坚决遏制房价上涨的政策。

综上，我认为，房价未来会维持在一个相对稳定的区间，不太可能出现大幅的上涨或下跌。

2018年12月9日演讲观点实录[1]：

未来12年的财富效应点在哪里？其实过去5年已初露端倪。我总结为三点。第一点就是增持美元资产的资本外流潮。之前我说过，前12年的一个财富效应点是增持人民币资产。到了后12年，变成了增持美元资产。第二点是出国留学潮，

[1] 演讲内容见：http://www.sohu.com/a/300664819_177801.

也就是增持人力资本。第三点是创业潮，在我看来这是积累未来的企业家资本。今天这个财富传承论坛就是希望年轻一代能够不吃前辈留下来的老本，去积累属于自己的企业家资本。

展望未来经济，我觉得会有两个特征。第一个特征是一个货币无锚时代的继续。如果你了解国际金融的历史，1973年是一个分水岭，这一年布雷顿森林体系彻底崩溃。早先是金本位银本位，二战后的布雷顿森林体系是黄金美元本位，美元等同于黄金。随着美国为越战的需要大量印钞，美元不再能钉住黄金，各国可以选择自主决定本币价格。过去的货币有个锚，或者是黄金白银，或者是美元储备。1973年后世界进入了货币的无锚时代。以前增发货币的效应主要表现在消费品价格的上涨上，也就是通货膨胀。而在当今世界，增发货币的效应主要表现在资产价格的上涨上，也就是资产价格泡沫。所谓的资产市场包括房地产、股票、邮票、古董等市场。在这个无锚时代，资产价格泡沫不断增大，其风险不断积累，终有一天泡沫是会破灭的。第二个特征是科技发展日新月异。10年之后谁都不知道人工智能会走到什么程度。

未来我们的个人财富到底放在哪里最靠谱呢？经济学讲得很清楚，“低替代性”才能带来高价值。10年以后有个机器人站在这里能和我讲得差不多，我就会被替代掉。所以说到出国留学积累人力资本也好，在国内创业积累企业家资本也好，就是去积累别人所没有的资产。未来资产放在哪里？放在自己身上，放在脑子里，放在能力里，这才是最好的。

作为结束语，我送给大家18个字。一是“内为重，外为轻”。国家、企业和个人都一样，最重要的是练内功，而不是被外面环境的变化左右。二是“道为重，术为轻”。在座各位都已积累了一定的物质财富了，到了这个阶段需要更重视“道”，也就是价值观，你家里的价值观，你企业的价值观。“术”就是挖空心思赚钱。三是“治为重，制为轻”。这两个字读音一样，内涵不同。前面是治理的治，就是设定方向和建立规则，在此基础上让水自由流动；而后面的制就是去伸手干预。这18字建言是我在一次政府咨询会上提出来的。我相信这个建言对在座各位的家族传承应该也是有意义的。

对中美贸易战前景的分析

2018年3月31日演讲观点实录[1]：

在我看来，削减对华贸易逆差并不是美国提出加征关税

[1] 演讲内容见：http://news.hexun.com/2018-04-27/192918753.html.

的主要原因。此次中美贸易战，不过是中国和美国这两大经济体在多维度、多层次的竞争中发生的一次碰撞，并不能简单地从“贸易战”的角度来对其进行解读，而应该看到事件背后的宏观图景。

中美贸易不平衡不是中国单方面造成的。但为何美国还是要提出对中国出口商品加征关税？这与中国经济崛起和国际经济秩序进入大变革和大调整时期有关。经过40年的对外开放，中国已经成为世界第一大货物贸易国、第一大外汇储备国和仅次于美国的第二大经济体。经济体量不断增大的同时，中国经济的增长模式也逐渐发生了变化，从“数量型增长”转为“质量型增长”。

中国经济增长模式的变化，可从中国对外贸易产品结构的转变中得到印证。20世纪八九十年代，中国拥有大量年轻且纪律严明的廉价劳动力，比较优势主要集中于劳动密集型产业，所以出口商品主要是衣物和纺织品等低端劳动密集型产品。进入21世纪，中国的劳动力成本优势逐渐消失，取而代之的是中端制造业所需要的资本和技术优势。2017年，中国出口美国的商品中，超过三分之一是手机、电脑、电脑配件、移动通信设备和家用产品等中端资本技术密集型产品。

但是，美国不想让中国在中高端产品市场上成气候，它对中国经济的崛起心存顾虑甚至恐惧。美国贸易代表罗伯特·莱特希泽（Robert Lighthizer）坦言，此次加征关税就是为了遏制“中国制造2025”计划。在其办公室发布的建议加征关税的中国商品清单中，大部分都是“中国制造2025”中提出要重点发展的技术密集型产业，如航空航天、信息和通信技术以及工业机器人等。

由此可看出，阻滞中国的技术进步和产业升级，是美国提出加征关税的重要目的。另一个重要目的是寻求全球化红利的再分配。

全球化让所有参与国家受益，但受益的多少差别很大。中国是过去40年全球化浪潮的很大受益者，而美国也是一个很大的受益者。但是全球化在使得一个国家整体受益时，会损害部分群体，如美国“铁锈地带”的民众在全球化过程中蒙受了损失。这是特朗普“美国优先”策略及贸易保护政策受到很多美国民众欢迎的原因。

全球化红利分配不均也是导致逆全球化思潮抬头的重要原因。英国脱欧和特朗普当选，标志着逆全球化渐成潮流，也意味着国际经济秩序进入了新一轮的变革和调整期。

逆全球化对世界各国均无好处，最终大家还是要回到全球化的正常轨道上来的。在此过程中，如何对全球化红利进行再分配，是一个无法回避的现实问题。美国对中国出口商品加征关税，可视为其谋求全球化红利再分配的重要手段。那么中国又该如何作出回应呢?

随着中国的崛起，中美博弈不可避免。同时，在国际经济秩序进入变革和调整期的当下，中国需扮演好国际经济秩序参与者和维护者的角色。

短期来看，“主动扩大进口，不以追求贸易顺差为目标”的公开承诺，体现了中国维护国际经济秩序的诚意，也传递了中国愿意倾听他国诉求、主动削减贸易不平衡的善意，从而让中国在与美国当前的贸易摩擦中取得话语主动权。

长期来看，扩大进口和放宽市场准入将推动中国的经济结构调整和产业转型升级，同时，让中国与世界各国建立起合作共赢的新型国际关系。

2018年4月27日演讲观点实录[1]:

必须认识到，经过40年的改革开放，中国走过了美国100多年的道路，已经成为世界上一个举足轻重的大国。放眼未来，我们应该做的事情绝不应该是斤斤计较一时之利，而是要站在高处，把握长远。

---

❶ 演讲摘要见：http://master.10jqka.com.cn/20180510/c604387742.shtml.

中国经济能够走到今天这个地位，除了中国本身奋发图强之外，外部环境比较有利也是一个很重要的原因。

中国在20世纪80年代起步时做的事情就是造东西，但我们自己消费不了这些东西。得益于全球化，我们造的东西能够被其他国家大量购买。通过这个全球化红利的驱动，中国经济得到了第一步的发展。

全球化的好处大家都拿了，并不是说只有中国拿了，美国老百姓这么多年享受物美价廉的中国制造产品，也是他们得到的全球化福利。

全球化给所有国家都带来了贸易收益和福利提高。全球化所主张的多边主义，也是世界贸易组织的根本原则，倡导各国一起同步减少贸易壁垒。

多边主义是好的，是有利于国家的整体利益的，中国一贯坚持多边主义。但不得不承认的是，多边主义会给一部分人的个体利益带来损害。现在出现逆全球化，原因就是出现了贸易好处的分配不均。受到贸易损害的那些个体，政治上会有呼声，特朗普的当选就是其中一个范例。但不要以为这只是换个政府而已。所有国家最后讲的都是经济，没有经济基础，政府就是空中楼阁。

为什么美国能够称霸200年？我觉得以下两点值得一提。第一，吸纳全球英才，以创新立国。全球最好的大学在美国，全球最好的学生去美国，其中一部分会在美国留下来，他们和美国本土的精英共同推动美国的创新创业。每次进入美国的实验室，你都能看到不少移民工程师和技术员。第二，开拓广大的国内和国际市场。美国是全球自由贸易的领航人、推动者，当然它是在为自己谋利益。美国的国策是国内国外两个市场都要打开，供给侧和需求侧都要做大做强，最后落实到货币上，美国印的纸钱可以买其他国家辛辛苦苦做的东西，这就是美元霸权。

所以说，贸易战只是大国博弈的初级层次，贸易战后面还会有投资战、技术战，以及最高层次的货币战。我们的思考不能局限在当前的贸易战上，而必须想得更远更深。

用购买力平价汇率来计算，中国和美国的经济规模今天已经相差无几。即便用市场汇率来计算，不出意外的话，中国到2030年也会超越美国成为全球第一大经济体。

这就是为什么美国人急了。特朗普竞选总统时最得力的智囊名为班农，他是特朗普的首席战略师，能够思考“新时代”这样的长线问题，而不是只局限在“新时刻”这样的短线问题。班农一贯主张美国的中心工作是要遏制中国的崛起。

但特朗普上台后要追求他的“美国新时刻”，使得“美国新时代”的代表人物班农淡出了美国政坛。即便如此，特朗普的减税等政策，也是意在提升美国经济的内在实力，着眼的也是供给侧。

对中国经济长期走势的分析

2018年3月20日接受采访时的观点实录[1]：

过去对中国经济的潜在经济增长率下行幅度的判断是比较悲观的，认为会是线性地向下走。但是，我们更应关注这种线性趋势背后的原因，而不是惯性地认为这些原因是不变的。

过去很长一段时间，中国经济的增长主要依靠改革的红利、对国外技术的模仿、年轻人口的红利等。2017年之前的几年，中国经济曾经很挣扎，因为前期的改革红利和人口红利走向枯竭，而新的动能尚在培育之中，所以大家比较悲观，认为L型的增长已经很不错了。但市场经济有其自身的发展规律。在不经意中，中国经济内部萌生出了一系列新的增长点，汇聚成了一股强大的力量，将中国经济带入了一个新的上升周期。

我将中国经济内部萌生出的一系列新的增长点，总结为中国特有的3S优势，包括规模经济优势、范围经济优势和速

[1] 采访全文见：http://www.eeo.com.cn/2018/0320/324921.shtml.

度经济优势。我认为这个3S优势是中国经济在2017年表现超预期的主要原因，而且还会持续发挥作用好多年。

规模经济（economies of scale），是指体量做得越大，成本就越低，企业进而得以发展。在传统经济发展时期，规模经济效应在中国制造业发展进程中已有明显体现；在目前的新经济发展时期，这个效应变得更加显著。中国现在的很多平台经济，所依靠的就是其两端所链接的大量的消费者和企业。在中国，新经济业态可以拥有非常大的规模经济效应。

范围经济（economies of scope），是指由厂商的经营范围所带来的成本下降。当同时生产两种产品的成本低于分别生产它们所需成本的总和时，就产生了范围经济。中国的劳动力成本越来越高，很多企业可以选择搬到成本更低的越南或印度尼西亚去。

但事实上，大部分企业并没有搬离中国。这是因为搬离中国意味着远离整个产业链；搬离中国所节省的劳动力成本，不能弥补其所损失的范围经济收益。中国能够在一个地方积聚大量相互联系的细分行业，组成完整的产业链，比如浙江的义乌、广东的东莞。范围经济是产业链内的各个细分产业相互之间的联系，这需要一个庞大的经济体来承担，而世界上并没有几个这样的经济体。中国在入世后成为所谓的世界工厂，大部分的制造业都在中国，在这方面已有先发优势。而服务业也要依托于市场，依托于制造基地，是制造业的补充，因而范围经济效应在服务业和新经济业态中同样重要。

速度经济（economies of speed），是一个新出现的中国特有的优势。在新的经济业态下，对速度有了非常高的要求。过去，20世纪的前沿技术，是靠时间的积累，精雕细琢而出，比如日本的彩电、德国的汽车等。过去不讲速度经济，要慢工出细活，快的反而不好。在新的经济业态下，一切的新技术，尤其强调大数据，哪里有大数据，新技术在哪里就可以得到更好的应用。移动支付在中国普及得非常快，而在美国或欧洲推广移动支付，由于要通过各种法律，就需要很长的时间。这个相对长的过程有它的优势，如安全性更高等，但对于新经济业态的发展来讲，安全固然重要，而速度在某种意义上更加重要。因为做得快，得到大量的数据，才可以去纠错、去改进，不做的话是无法改进的。

其他国家并没有制度架构去支持这种快速的发展。政策上，中国在某些方面管得非常严，但是在某些方面还是比其他国家管得更松。这就留出了更大的余地给民营企业、创业者们去尝试。不能因为质变尚未出现，就忽略正在悄悄积累的量变过程。质变发生的时间点，是无法预测的。但质变是肯定会发生的，关键是要给大家空间去折腾。

2018年4月27日演讲观点实录[1]：

贸易战是表象，真正的战争现在发生在供给侧。中国强调供给侧，既是时代的必然，也是中国经过反思的结果。

为什么要注重供给侧？不妨先来看看美国的例子。从美国100多年的人均GDP曲线可以看到，尽管美国经历了一系列动荡，比如一战、大萧条、二战、两次石油危机，以及2008年的全球金融危机等，但这条曲线的趋势一直是朝上走的。

在历史长河中，什么最重要？不是曲线的波动，而是它的上升趋势。全世界找不出第二个国家，能有这样一个持续100多年的上升趋势。日本经济上升了四五十年，最近的20年是平的，几乎是零增长。中国经济增长了40年，还远未达到100年这个长度。虽然美国GDP的平均增速只有3.5%，但如果哪个经济体的GDP能够以3.5%的增速增长100年，那这个经济体就能成为世界老大。而这背后的东西，就是供给侧动力。

那么，供给侧要做好靠的是什么呢？靠的是国家的智商

❶ 演讲内容见：http://master.10jqka.com.cn/20180510/c604387742.shtml.

和情商。

一个国家的智商，就是它的资源禀赋。而一个国家的情商，决定了这些资源禀赋能发挥出多大作用。同样有1万个人、1 000台机器，有的企业就可以做得很好，有的企业就会做得很差，原因就在于两者在配置资源上的效率有差别。国家也是一样，把资源搭配好，即资源配置效率，就是国家的情商。

经济理论和实践已经证明，市场是资源配置最有效的手段。智商是天赋，而情商是让天赋发挥其最大能量。提高情商主要靠市场，靠民营经济的活力和创造力，理解这点非常重要。

我曾提出一个“门缝理论”。中国和很多国家不同，政府起着非常重要的作用。这种情况下，市场作用如何体现？它就体现在中国政府为民营经济所打开的那道门缝上，这条门缝开得越大，市场能发挥的作用就越大。中国的情商高到哪里，很大程度上要看这个门缝能够开到多大。

情商多高看门缝，智商我们不担心，中国在未来会有很多新的智商来源。现在中国的中产阶级以上家庭很多将小孩子送到国外念书，有念得好的，有念得差的，有回来的，有不回来的；念得好的回来多一些有利于拉升中国的整体智商。况且留在国内的年轻人也没闲着，很多在忙着创新创业，他们同样是中国经济未来发展可依赖的智商。

2018年9月4日接受采访时的观点实录[1]：

如何应对当前这种“稳中有变”的经济形势？我认为要“以变求稳”。如何变？就是运用优势策略（dominant strategy）。优势策略是博弈论的一个基本概念，即不管其他博弈参与者选择什么策略，我所选择的这个策略都是最优的。

什么是中国经济的优势策略？那就是让市场在资源配置中起决定性作用。不管国内外形势如何变化，只要充分释放中国人民的智慧和潜能，中国经济的发展前景就将是光明的。如何才能充分释放中国人民的智慧和潜能呢？关键是给予他们足够的自由发展的空间。经济理论和实践表明，足够市场化的经济是让人民的智慧和潜能得到最大释放的最有效的途径。

我们不能继续使用增加财政支出的方法来拉动经济增长。众所周知，财政政策有两个工具，一是政府支出，二是税收。过去我们一直通过政府支出这个工具来促增长，却从来没有真正用过减税这个工具。虽然政策文件提出要大力减税，在部分

❶ 采访全文见：http://finance.sina.com.cn/stock/hyyj/2018-09-04/doc-ihiqtcap0214916.shtml.

领域也有一些动作，但总体而言是隔靴搔痒，主要体现在政府税收收入依然在快速攀升。

根据财政部最近发布的数据，2018年1—7月，全国税收收入同比增长14%，个税收入同比增长20.6%。个人所得税收入高达9 225亿元，是2014年全年税收的两倍。税收的增幅远高于人均可支配收入的增幅和GDP的增幅，这对经济发展必然会产生不利影响。

高税负下，很多企业承受着沉重的压力，所以减税正当其时。短期来看，减税可部分抵消中美贸易关系恶化给国内企业所带来的负面冲击；中长期来看，减税可以说是推动创新创业，由此提高经济增长动力的最有效的政策。

要想减税，政府必须拿出壮士断腕的勇气，深化机构和行政体制改革，从源头上减少庞大的行政开支需求。打破利益藩篱，推动减税降费，主动还富于民，才能真正激发出供给侧和消费端的活力。

总之，中国经济要想平稳度过当前多变的特殊时期，需要强化市场在资源配置中的作用，需要创造出更大的让人民发挥智慧和潜能的空间，需要强力推进减税降费和行政体制改革。这不但是应对当前国际形势的优势策略，更是中国经济在未来能保持稳定可持续发展的根基所系。

第6章

结语

本书不是对宏观经济学的系统介绍，而是讨论作者所理解的在现实世界中可以运用的几个宏观经济分析的方法。首先是如何从众多的经济数据中找到几个最重要的经济变量，由此迅速获取对宏观经济形势的初步判断。阅读越多的数据，对经济的理解会越全面细致，这点没有错。但经济学最根本的是“经济”二字，其含义在于任何行为都有成本，必须选择最经济的方法，而不是最完美的方法。需要寻找和解读多少数据？答案是当所获数据为解决方案所提供的边际收益等于为寻找和解读数据所付出的边际成本时，寻找数据的工作就应该结束了。当前全球经济瞬息万变，所以必须以最高效的方法来处理数据信息。本书第1章为读者指了一条路径。读者首先可以阅读制造业和服务业的月度PMI（采购经理指数）数据来获取对近期宏观经济温度的初步感知，然后从实际GDP（国内生产总值）增长率和CPI（消费价格指数）变化率的季度数据中获得对宏观经济最重要的两个维度的体检数据。对于发达国家，就业率数据是对实际GDP增长数据的有用补充。例如，分析师们普遍关心的月度美国非农业人口的就业数据，它是解读美国经济趋势变化的重要指标。对于就业数据不准确的发展中国家而言，对实体经济状况的评估还需要通过看用电量和铁路运输量这类数据来帮助判断制造业的状况，以及通过看快递数量这类数据来帮助判断消费需求的状况和变化趋势。

本书作者所持的一个观点是，如果不懂与国际经济相关的数据，就不可能准确阅读一个国家的宏观经济状况。这本书用了较多的篇幅详细介绍了国际收支平衡表的四个账户。对一个国家某个季度或年度的进出口状况的感知可以从阅读经常账户的贸易项数据中获得。对于一个国家在商品贸易和服务贸易数量上的此消彼长，可以从阅读经常账户的商品贸易项和服务贸易项的时间序列数据中获得清晰的认识。对本国在外国务工人员汇入国内的收入数额和外国在本国务工人员汇出国外的收入数额，可以从经常账户的劳动力一次收入项下获得数据。对于本国对外投资的收益状况和外国在本国投资的收益状况，可以从经常账户的资本一次收入项下获得基本的判断。国际收支平衡表对宏观经济分析有非常大的帮助，尤其是资本账户列出了直接投资、证券投资和主要在银行账户呈现的其他类投资的详细数据。同时，国际收支平衡表的官方储备项列出了官方外汇储备在当年的增减状况。对于资本管制较严格的国家，国际收支平衡表的净误差与遗漏项可能反映了没有被记录下来的非法资金跨境流动的状况。建议读者多花点时间搞清楚这张国际收支平衡表中的各个大项和主要的子项，这样做所获得的边际收益一定是大于所付出的边际成本的。

对于普通读者而言，对宏观经济状况的关心主要是两点：趋势和拐点。本书告诉读者，短期宏观经济的走势和消费需求、投资需求和外国对本国商品和服务的需求相关，也和影响消费、投资和进出口的财政政策、货币政策和汇率政策乃至贸易政策及产业政策密切相关。用一个比喻，短期趋势就是你每天的体温，身体好时体温低于37摄氏度，感冒发烧时体温高于37摄氏度。感冒时吃药打针就相当于运用财政、货币和汇率政策来进行调控，过热时降温。但一个人的体质和每天体温之间的关系并不大，同样是体温正常，王女士的体格非常棒，而陆女士的体质非常差。本书告诉读者，一个国家宏观经济的长期走势和消费、投资和净出口这需求侧的三驾马车的关系不大，而是取决于这个国家的资源禀赋（我称之为该国的“智商”）和对所拥有的资源的配置效率（我称之为该国的“情商”）。人口红利和高储蓄率使得一个国家拥有丰裕的劳动力和物质资本，这会推动这个国家的长期经济增长。但是人口红利和高储蓄率不可能永远上升，劳动力和物质资本的投入会遭遇边际收益递减规律的制约，所以一个国家经济的长期可持续增长，必须依靠这个国家资源配置效率的提高。而资源配置效率的提高来源于人口质量的提高、技术水平的提高，以及制度质量的提高。为什么美国的标普500指数基金在过去100年给股民提供了丰厚的投资回报？原因就在于美国所拥有的创新能力和制度架构保证了美国经济的长期可持续增长。对于投资者来说，短线操作需要看需求侧的“三驾马车”（消费需求、投资需求和净出口需求），而长线操作则需要去研判这个国家的“智商”水平（即所拥有和将拥有的资源）和“情商”水平（即对资源进行有效配置和使用的能力）。需要指出，短期和长期不是两个相互割裂的概念，现实世界的每个时期既含有宏观经济学所定义的短期因素，也含有宏观经济学所定义的长期因素。因此，对于宏观经济分析，只能说短期以看需求面为主，长期以看供给面为主，而在对现实经济形势进行分析和判断时，应该既看短期，又看长期，同时分析宏观经济的需求面和供给面。就像对我们每个人健康状况的评估，既要通过量体温获得身体在这个时间点的状态，又要通过做体检获得身体内在的长期状态，两者需要平衡去做（如每天测量血压，每年做一次体检），偏废任何一方都是不可取的。

比起判断宏观经济趋势，对宏观经济拐点的判断要困难得多。对于经济的上升和下降周期有很多理论假说，如康氏长波理论，但这些理论并没有足够的实证支持，对实际操作的帮助并不大。当历史数据显示某种周期性变化时，我们很自然会将技术变化认作其背后的主要原因，于是长周期被认为是特别重大的技术（如蒸汽动力和电力）从发明到应用到式微这个过程所导致的。然而即便这个假说成立，由于此类特别重大技术的出现在时间点上并没有什么规律，因而也就无法帮助判断何时这个拐点会出现。在较新的宏观经济学理论中有一支称为真实商业周期理论，所谓真实指的就是技术进步，用以区别非技术性的冲击（如货币政策乃至凯恩斯所称的“动物精神”）。这支理论认为商业周期（不是几十年的长周期，而是几年一次的短周期）的原因完全归于技术变化。虽然该理论的创建者获得了诺贝尔经济学奖，但大部分经济学家并不认同这个理论反映了现实的经济状况。

对于经济拐点，大部分经济学家认为它和政策因素与预期因素高度相关。例如，现代经济史上最著名的1929—1933年的大萧条，很多经济学家（如米尔顿·弗里德曼和本·伯南克）认为是美联储货币政策失误所致。当时宏观经济尚未诞生，美联储的想法就是在经济衰退时过紧日子，收紧银根，减少支出。今天哪怕稍有宏观经济学知识的人都知道，经济衰退时所需要的政策是放松银根而不是收紧银根，是增加支出而不是减少支出。因为货币政策的错误，使得1929年开始的经济衰退演变成了长达4年的经济大萧条。与此相对照，当2008年美国发生次贷危机并迅速蔓延到全球各国时，时任美联储主席的伯南克果断采取零利率和量化宽松货币政策，有效遏制了经济危机的进一步深化。这场全球金融危机最终没有演变成现代经济史上第二次经济大萧条。宏观经济学理论的发展以及伯南克等拥有现代宏观经济学家背景的央行官员们的果断行动，是居功至伟的。以本书作者的管见，经济周期的政策决定论比技术决定论更加靠谱。所以，我在教学中送给同学们一句话：经济决定趋势，政治决定拐点。经济指的是供求因素，而政治指的是政府政策。对于经济形势尤其是经济拐点的判断，供求因素（包括技术变化）固然重要，但如果对政治因素和政策变化不敏感，那是很难判断和把握经济拐点的。

本书特别强调的一个宏观经济变量是预期。依本书作者的理解，凯恩斯所谓的“动物精神”并不是非理性行为，而是理性的预期行为。当股市泡沫巨大时，就会有疯狂抛弃股票的羊群效应，这看似是非理性的“动物精神”发作，实际上是理性预期所产生的作用。自从20世纪80年代卢卡斯等经济学家所倡导的理性预期革命发生后，宏观经济学几乎所有的理论都被引入理性预期假设后作了改写。理性预期指的是决策者在作决策时会利用所有可获得的信息，因此，任何经济政策如果是旧瓶装新酒，那么在这些政策被实施之前，人们就已经将它们识破，已经想好对策，因而这些政策的实施将起不到其预设的作用。读者不应将理性预期看作是一个现实现象，好像每个普通人真能完全读懂和运用所有可获得的市场信息那样。理性预期假设的意义在于，任何宏观经济理论都不应建立在老百姓可以被一再欺骗和愚弄这个假设之上。理性预期革命所带来的更广泛的影响在于，宏观经济分析必须考虑预期的作用。我们甚至可以说，预期是宏观经济分析中最核心的变量。正是引入了预期这个变量，美国经济学家鲁迪格·多恩布什（Rudiger Dornbusch）在1976年提出了汇率超调理论，这个理论表明金融市场对于外部冲击的短期反应会过度，而这种过度反应是理性行为的结果，存在于均衡状态之下。对于投资者而言，认识到金融价格（股价、汇价等）的上升或下降会超过所谓的“合理”点位（即长期均衡点位）是何其重要！

本书关于宏观数据解读、宏观趋势分析和宏观经济拐点的讨论意在帮助读者提高对于宏观经济分析方法的认知。但知与行之间是有很长一段距离的，这段距离需要通过对所学到的宏观经济分析方法在实际操作中的不断运用和对于成功与失败经验的不断积累才能逐步缩短。作为一本入门书，本书介绍了一些实际操作的案例，包括如何从资本管制条件下的汇率和利率的错配中套利。国际宏观对冲基金的操作所基于的就是本书关于宏观经济趋势和拐点的理论。本书较详细地介绍了索罗斯在1992年英镑狙击战和1998年香港战役中的操作手法，希望能让读者有些许身入其境的体验。本书作者近年对股市、人民币汇率、楼市和财富积累、中美贸易战以及中国经济未来走势发表了一些观点，这些观点所依据的正是本书所介绍的宏观经济学概念和分析方法。本书用实录的形式分享了这些观点，希望对读者有所启示。

最后，本书希望读者能够建立基于概率的胜负观。世界上没有一本书能够教你百战百胜的秘诀。但是通过不断提高自己对世界的认知和不断地去尝试和实践，你的获胜概率就会提高。作为一个理性思维的人，切勿被小概率的成功机会所诱惑，而应努力提高将事情（包括投资理财）做好的概率。如果本书能够帮助读者提升对宏观经济的认知并由此提高经济决策的成功概率，那么也就实现了它的价值。

后 记

2019年1月中旬，我收到胡峙峰先生的一封电子邮件。峙峰在中欧国际工商学院（简称中欧）负责图书出版，在邮件中他说计划推出一套丛书，定位“轻学术、短平快”，以求将中欧教授的学术心得以轻快的方式传递给大众读者。

我在中欧主管教授研究，深知大部分中欧教授都是“有料”的，他们不但在自己的专业领域有深厚的学术功底，而且因为常年给企业高管讲课和深入企业调研撰写案例，他们对专业知识在真实世界中的运用有着深刻的感悟和实操能力。让这些教授写本书不难，难的是他们都太忙，时间表排得满满的，哪有时间写书！当然每年还是会有几位“拼命三郎”教授出书的。峙峰打动我的是“短”这个字，如果是写一本6万字左右的小书，对中欧教授而言时间成本是在可承受的范围之内的。听了峙峰的提议，我自己就有了跃跃欲试的写作冲动。作为一个“行动派”，我立马启动这项工作，开始邀请一些教授同事担任这套丛书的作者。虽然不容易，但在1月底我还是获得了数位教授同意担任这套丛书首批作者的意向。中欧领导层对这项工作非常支持，在2月份拨出专项经费建立了“中欧教授学术专著研究基金”，并且将推出这套丛书作为今年（2019年）中欧庆祝建院25周年的重点项目。

既然要做这个项目，就要做出质量，做出意义。于是在学院领导的支持下，我统筹了相关各方，包括正在为中欧25周年庆忙碌的院庆办，以及一直在为支持中欧教授学术研究寻求捐赠资金的中欧基金会。这个项目的难点是在落实丛书的第一批作者。因为要赶上11月初的中欧建院25周年庆典，我们确定了第一批书稿的截止日期为6月30日，所以写作时间满打满算也就4个月。对忙碌的中欧教授而言，在4个月中能挤出的写书时间大概也就是20天；不是有20个整天可以用于写书，而是只有20天可能插进一点时间用于写书。用这么短的时间写一本有质量的6万字的原创著作是可以做到的，但必须是“三个非常”（非常自律、非常守信和非常自虐）的人才能做到。在4月初我终于落实了5位具备“三个非常”素质的教授承诺在6月30日之前交稿，我自己也加入其中，但心里极其忐忑，因为我这几个月已经排满了工作，估计其中只有十来天能够动笔写书。但是我既然出任推出此套丛书的带头人，就必须以身作则去完成这个不可能完成的任务。要狠逼我的教授同事，就必须更狠地逼我自己。就这样，我们6位教授开始了破釜沉舟式的写书征程。

事后想来挺悲壮的，好几位教授在截稿日期那几天都在熬夜赶稿。终于有三位教授在6月30日左右交了稿，剩下的几位教授虽然没能在截止日期前交稿，但作为用“三个非常”特殊材料组成的中欧教授，我们都陆续将书稿赶出来了！不出所料，我自己成为最后交稿的那位作者。写这段后记文字的时间是7月10日，我正在欧洲出差，从7月3—12日，我要在三个高端论坛上代表中欧作主旨演讲，而我正是利用三个论坛之间的这几天时间来对完成书稿作最后的冲刺。利用欧洲和中国的时差，我在欧洲时间晚上写稿，将手写稿拍照用微信传给我的研究助理黄鑫，由他将手写稿打成电子文稿后用电邮发给我，在时间上力求无缝衔接。对于我这个带头人自己没有在截稿日期前完成书稿这一情况，其他教授作者并不知情，只有峙峰知道，他打趣说如果这个情况让其他几位被我狠逼的教授们知道，那后果将会很严重！在此我向及时交稿的五位教授同事作深刻检讨并请求原谅！作为这个丛书项目的带头人，我为丛书第一批作者的表现感到无比骄傲！希望中欧前沿观点丛书第二批、第三批及以后各批次的教授作者们以我们为榜样！衷心期望这套丛书从此拥有不息的生命，在未来一批接着一批地推出，成为广大读者朋友所喜爱的经典佳品！

许 斌

2019年7月10日写于德国

致 谢

作者感谢中欧国际工商学院的研究经费支持，感谢丛书编辑所做的编订工作，感谢巫和懋教授对本书所提出的评审意见，黄鑫为本书所做的文字工作，以及戴玉雯、马琼和徐剑锋对本书所提出的修改意见。作者负全部文责。